NEW TEPS 완벽 반영

뉴텝스둰 연나 넥서스!

그냥 믿고 따라와 봐!

KB087719

600점 만점!!

마스터편 실전 500+

독해 정일상, TEPS콘텐츠개발팀 지음 | 17,500원 **문법** 테스 김 지음 | 15,000원 **청해** 라보혜, TEPS콘텐츠개발팀 지음 | 18,000원

500점

실력편 실전 400+

독해 정일상, TEPS콘텐츠개발팀 지음 | 18,000원 **문법** TEPS콘텐츠개발팀 지음 | 15,000원 **청해** 라보혜, TEPS콘텐츠개발팀 지음 | 17,000원

400점

기본편 실전 300+

독해 정일상, 넥서스TEPS연구소 지음 | 19,000원 **문법** 장보금, 써니 박 지음 | 17,500원 **청해** 이기헌 지음 | 19,800원

300점

입문편 실전 250+

독해 넥서스TEPS연구소 지음 | 18,000원 **문법** 넥서스TEPS연구소 지음 | 15,000원 **청해** 넥서스TEPS연구소 지음 | 18,000원

넥서스
NEW TEPS 시리즈

목표 점수 달성을 위한
뉴텝스 기본서 + 실전서

뉴텝스 실전 완벽 대비
Actual Test 수록

고득점의 감을 확실하게 잡아 주는
상세한 해설 제공

모바일 단어장, 어휘 테스트 등
다양한 부가자료 제공

NEXUS Edu
LEVEL CHART

분야	교재	초1	초2	초3	초4	초5	초6	중1	중2	중3	고1	고2	고3
VOCA	초등필수 영단어 1-2·3-4·5-6학년용	📖	📖	📖	📖	📖	📖						
VOCA	The VOCA + (플러스) 1~7					📖	📖	📖	📖	📖	📖	📖	
VOCA	THIS IS VOCABULARY 입문·초급·중급			📖	📖	📖	📖	📖	📖	📖			
VOCA	THIS IS VOCABULARY 고급·어원·수능 완성·뉴텝스									📖	📖	📖	📖
Grammar	초등필수 영문법 + 쓰기 1~2		📖	📖	📖	📖							
Grammar	OK Grammar 1~4		📖	📖	📖	📖							
Grammar	This Is Grammar Starter 1~3		📖	📖	📖	📖							
Grammar	This Is Grammar 초급~고급 (각 2권: 총 6권)			📖	📖	📖	📖	📖	📖	📖	📖	📖	📖
Grammar	Grammar 공감 1~3					📖	📖	📖					
Grammar	Grammar 101 1~3					📖	📖	📖					
Grammar	Grammar Bridge 1~3 (개정판)					📖	📖	📖					
Grammar	중학영문법 뽀개기 1~3					📖	📖	📖					
Grammar	The Grammar Starter, 1~3					📖	📖	📖	📖	📖			
Grammar	구사일생 (구문독해 Basic) 1~2									📖	📖	📖	
Grammar	구문독해 204 1~2										📖	📖	
Grammar	그래머 캡처 1~2									📖	📖	📖	
Grammar	[특급 단기 특강] 어법어휘 모의고사										📖	📖	📖

분야	교재	초1	초2	초3	초4	초5	초6	중1	중2	중3	고1	고2	고3
Writing	도전만점 중등내신 서술형 1~4						📖	📖	📖	📖			
Writing	영어일기 영작패턴 1-A, B · 2-A, B				📖	📖	📖	📖	📖				
Writing	Smart Writing 1~2				📖	📖	📖	📖	📖	📖			
Reading	Reading 101 1~3						📖	📖	📖	📖			
Reading	Reading 공감 1~3						📖	📖	📖	📖			
Reading	This Is Reading Starter 1~3						📖	📖	📖	📖			
Reading	This Is Reading 전면 개정판 1~4						📖	📖	📖	📖	📖		
Reading	This Is Reading 1–1 ~ 3–2 (각 2권; 총 6권)						📖	📖	📖	📖	📖		
Reading	원서 술술 읽는 Smart Reading Basic 1~2						📖	📖	📖	📖			
Reading	원서 술술 읽는 Smart Reading 1~2									📖	📖	📖	
Reading	[특급 단기 특강] 구문독해 · 독해유형									📖	📖	📖	📖
Listening	Listening 공감 1~3						📖	📖	📖	📖			
Listening	The Listening 1~4					📖	📖	📖	📖	📖			
Listening	After School Listening 1~3						📖	📖	📖	📖			
Listening	도전! 만점 중학 영어듣기 모의고사 1~3						📖	📖	📖	📖			
Listening	만점 적중 수능 듣기 모의고사 20회·35회									📖	📖	📖	📖
Listening	NEW TEPS 입문편 실전 250+ 청해·문법·독해					📖	📖	📖	📖	📖			
Listening	NEW TEPS 기본편 실전 300+ 청해·문법·독해						📖	📖	📖	📖	📖		
Listening	NEW TEPS 실력편 실전 400+ 청해·문법·독해							📖	📖	📖	📖	📖	
Listening	NEW TEPS 마스터편 실전 500+ 청해·문법·독해									📖	📖	📖	📖

NEW
TEPS
입문편
실전 250+ 문법

NEW TEPS 입문편(실전 250+) 문법

지은이 넥서스TEPS연구소
펴낸이 임상진
펴낸곳 (주)넥서스

출판신고 1992년 4월 3일 제311-2002-2호 ①
10880 경기도 파주시 지목로 5
Tel (02)330-5500 Fax (02)330-5555

ISBN   979-11-6165-703-5 14740
       979-11-6165-700-4 14740 (SET)

www.nexusbook.com

How to
TEPS

출발부터 다른, 실력 향상 **프로젝트** 뉴텝스 문법

NEW
TEPS

입문편
실전 250+

문법

넥서스TEPS연구소 지음

Grammar

NEXUS Edu

TEPS 점수 환산표 TEPS → NEW TEPS

TEPS	NEW TEPS	TEPS	NEW TEPS	TEPS	NEW TEPS	TEPS	NEW TEPS
981~990	590~600	771~780	433~437	561~570	303~308	351~360	185~189
971~980	579~589	761~770	426~432	551~560	298~303	341~350	181~184
961~970	570~578	751~760	419~426	541~550	292~297	331~340	177~180
951~960	564~569	741~750	414~419	531~540	286~291	321~330	173~177
941~950	556~563	731~740	406~413	521~530	281~285	311~320	169~173
931~940	547~555	721~730	399~405	511~520	275~280	301~310	163~168
921~930	538~546	711~720	392~399	501~510	268~274	291~300	154~163
911~920	532~538	701~710	387~392	491~500	263~268	281~290	151~154
901~910	526~532	691~700	381~386	481~490	258~262	271~280	146~150
891~900	515~525	681~690	374~380	471~480	252~257	261~270	140~146
881~890	509~515	671~680	369~374	461~470	247~252	251~260	135~139
871~880	502~509	661~670	361~368	451~460	241~247	241~250	130~134
861~870	495~501	651~660	355~361	441~450	236~241	231~240	128~130
851~860	488~495	641~650	350~355	431~440	229~235	221~230	123~127
841~850	483~488	631~640	343~350	421~430	223~229	211~220	119~123
831~840	473~481	621~630	338~342	411~420	217~223	201~210	111~118
821~830	467~472	611~620	332~337	401~410	212~216	191~200	105~110
811~820	458~465	601~610	327~331	391~400	206~211	181~190	102~105
801~810	453~458	591~600	321~327	381~390	201~206	171~180	100~102
791~800	445~452	581~590	315~320	371~380	196~200		
781~790	438~444	571~580	309~315	361~370	190~195		

※ 출처: 한국영어평가학회 (보다 세분화된 환산표는 www.teps.or.kr에서 내려받을 수 있습니다.)

기존 텝스 시험이 NEW TEPS로 개정된 이후, 문항 수와 시험 시간이 줄어 응시 부담과 피로도는 낮아졌다고는 하지만, 수험자가 느끼는 난이도는 크게 변하지 않아 여전히 어렵다는 의견들이 많습니다. NEW TEPS의 문법 영역은 다른 영역에 비해 차지하는 비중이 크지 않아 소홀히 할 수 있는 영역이지만, 문법은 영어 문장 및 독해 지문을 이해하는 최소한의 기초 실력이 되므로 단계별로 꼼꼼하게 학습해야 합니다.

그렇다면 NEW TEPS를 처음 시작하는 입문자들은 문법 영역을 어떻게 시작해야 할까요? 먼저, NEW TEPS에서 가장 빈번하게 기출 문제로 등장하는 핵심 문법부터 정리해야 합니다. 어떠한 개념이 빈출로 나오는지 기출 포인트 확인 및 예제를 시작으로, 핵심 문법의 개념 정리부터 간단한 확인 문제 풀이, 그리고 실전 시험과 동일한 기출 변형 문제 풀이의 단계를 밟아가다 보면, 자신도 모르게 문법의 달인으로 가는 길을 따라가고 있음을 알게 될 것입니다. 이때 수험자 본인의 취약점을 잘 파악하여 적합한 교재를 선정하고 이를 꾸준하게 학습하는 것이 관건입니다. 무조건 어려운 문제를 많이 푸는 것보다는 기초부터 실전까지 다양한 난이도의 문제를 바탕으로 유형별 문제 풀이를 경험하고 기출 문제와 유사한 실전 문제 풀이 훈련을 꾸준히 하는 것이 더욱더 효과적입니다.

〈NEW TEPS 입문편(실전250+) 문법〉에서는 이러한 문법의 기초를 잡아 주고, 실전에서 활용할 수 있는 핵심 전략과 함께 기본 훈련 및 집중 공략을 통해 고득점의 기본을 단단히 다질 수 있습니다. 또한, 기출 문제를 바탕으로 한 실전 문제에 가까운 Actual Test를 통해 한층 더 학습 효과를 높일 수 있습니다. 실질적인 점수를 올려 줄 〈NEW TEPS 입문편(실전250+) 문법〉을 통해 여러분이 원하는 목표에 한 발 더 가까이 다가서기를 바랍니다.

넥서스TEPS연구소

Contents

- 구성과 특징 8
- NEW TEPS 정보 10

Ⅰ NEW TEPS 핵심 문법 전략

Unit 01 문장의 구조 30

Unit 02 어순 38

Unit 03 시제 46

Unit 04 수의 일치 54

Unit 05 능동태 & 수동태 62

Unit 06 부정사 & 동명사 70

Unit 07 분사 78

Unit 08 관계사 86

Unit 09 조동사 & 가정법 94

Unit 10 명사 & 관사 & 대명사 102

Unit 11 형용사 & 부사 & 비교급 110

Unit 12 전치사 & 접속사 118

NEW TEPS 어휘 특별 부록

Unit 01   고빈도 동사   128

Unit 02   고빈도 명사   138

Unit 03   고빈도 형용사   148

NEW TEPS 실전 모의고사 3회분

Actual Test 1   160

Actual Test 2   166

Actual Test 3   172

정답 및 해설(부록)

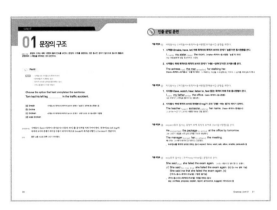

NEW TEPS 핵심 문법 전략

뉴텝스에서 출제 가능성이 높은 핵심 문법을 유형별로 공부할 수 있습니다. 총 12개 Unit으로 구성되어 있으며 뉴텝스 전반적인 문법 출제 흐름을 파악할 수 있고, 기본 문법 훈련을 통해 배운 문법을 바로 확인해 볼 수 있습니다.

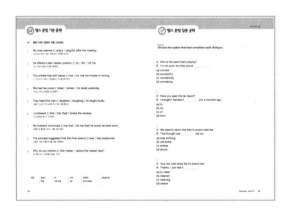

NEW TEPS 문법
기본 공략 & 집중 공략

각 Unit이 끝날 때마다 문제를 풀어 봄으로써 학습한 문법 내용을 점검하며 복습할 수 있습니다.

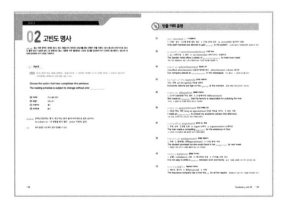

NEW TEPS 어휘(특별 부록)

꼭 필요한 뉴텝스 빈출어휘를 추가 제공합니다. 어휘를 암기한 후, 어휘 기본 훈련과 어휘 집중 공략을 통해 실전에 대비할 수 있습니다.

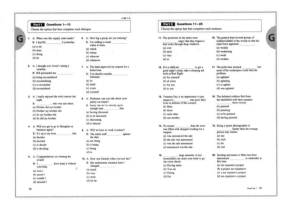

NEW TEPS 실전 모의고사 3회

뉴텝스에 맞춘 문제들로 구성된 Actual Test를 3회분 모의고사로 준비하여, 고득점에 한 걸음 다가갈 수 있도록 하였습니다.

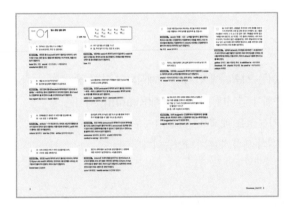

정답 및 상세한 해설

모든 문제의 해석과 상세한 해설, 어휘를 수록했습니다. 상세한 해설을 통해 혼자서도 완벽하게 문제를 이해할 수 있고, 어려운 어휘까지 손쉽게 학습할 수 있도록 구성하였습니다.

부가 제공 자료

어휘 학습을 위해 QR코드를 통해 모바일 단어장 및 VOCA TEST를 이용할 수 있으며, 추가로 어휘 리스트&테스트를 넥서스 홈페이지(www.nexusbook.com)에서 다운로드할 수 있습니다.

TEPS란?

TEPS는 Test of English Proficiency developed by Seoul National University의 약자로 서울대학교 언어교육원에서 개발하고, TEPS관리위원회에서 주관하는 국가공인 영어 시험입니다. 1999년 1월 처음 시행 이후 2018년 5월 12일부터 새롭게 바뀐 NEW TEPS가 시행되고 있습니다. TEPS는 정부기관 및 기업의 직원 채용이나 인사고과, 해외 파견 근무자 선발과 더불어 국내 유수의 대학과 특목고 입학 및 졸업 자격 요건, 국가고시 및 자격 시험의 영어 대체 시험으로 활용되고 있습니다.

1 / NEW TEPS는 종합적 지문 이해력 평가를 위한 시험으로, 실제 영어 사용 환경을 고려하여 평가 효율성을 높이고 시험 응시 피로도는 낮춰 수험자의 내재화된 영어 능력을 평가합니다.

2 / 편법이 없는 시험을 위해 청해(Listening)에서는 시험지에 선택지가 제시되어 있지 않아 눈으로 읽을 수 없고 오직 듣기 능력에만 의존해야 합니다. 청해나 독해(Reading)에서는 한 문제로 다음 문제의 답을 유추할 수 있는 가능성을 배제하기 위해 1지문 1문항을 고수해 왔지만 NEW TEPS부터 1지문 2문항 유형이 새롭게 추가되었습니다.

3 / 실생활에서 접할 수 있는 다양한 주제와 상황을 다룹니다. 일상생활과 비즈니스를 비롯해 문학, 과학, 역사 등 학술적인 소재도 출제됩니다.

4 / 청해, 어휘, 문법, 독해의 4영역으로 나뉘며, 총 135문항에 600점 만점입니다. 영역별 점수 산출이 가능하며, 점수 외에 5에서 1+까지 10등급으로 나뉩니다.

NEWTEPS 시험 구성

영역	문제 유형	문항수	제한 시간	점수 범위
청해 Listening Comprehension	Part I : 한 문장을 듣고 이어질 대화로 가장 적절한 답 고르기 (문장 1회 청취 후 선택지 1회 청취)	10	40분	0~240점
	Part II : 짧은 대화를 듣고 이어질 대화로 가장 적절한 답 고르기 (대화 1회 청취 후 선택지 1회 청취)	10		
	Part III : 긴 대화를 듣고 질문에 가장 적절한 답 고르기 (대화 및 질문 **1회 청취** 후 선택지 1회 청취)	10		
	Part IV : 담화를 듣고 질문에 가장 적절한 답 고르기 (1지문 1문항) (담화 및 질문 2회 청취 후 선택지 1회 청취)	6		
	Part V : 담화를 듣고 질문에 가장 적절한 답 고르기 (1지문 2문항) (담화 및 질문 2회 청취 후 선택지 1회 청취)	신유형 4		
어휘 Vocabulary	Part I : 대화문의 빈칸에 가장 적절한 어휘 고르기	10	변경 통합 25분	0~60점
	Part II : 단문의 빈칸에 가장 적절한 어휘 고르기	20		
문법 Grammar	Part I : 대화문의 빈칸에 가장 적절한 답 고르기	10		0~60점
	Part II : 단문의 빈칸에 가장 적절한 답 고르기	15		
	Part III : 대화 및 문단에서 문법상 틀리거나 어색한 부분 고르기	5		
독해 Reading Comprehension	Part I : 지문을 읽고 빈칸에 가장 적절한 답 고르기	10	40분	0~240점
	Part II : 지문을 읽고 문맥상 어색한 내용 고르기	2		
	Part III : 지문을 읽고 질문에 가장 적절한 답 고르기 (1지문 1문항)	13		
	Part IV : 지문을 읽고 질문에 가장 적절한 답 고르기 (1지문 2문항)	신유형 10		
총계	**14개 Parts**	135문항	105분	0~600점

청해 (Listening Comprehension) _40문항

정확한 청해 능력을 측정하기 위하여 문제와 보기 문항을 문제지에 인쇄하지 않고 들려줌으로써 자연스러운 의사소통의 인지 과정을 최대한 반영하였습니다. 다양한 의사소통 기능(Communicative Functions)의 대화와 다양한 상황(공고, 방송, 일상생활, 업무 상황, 대학 교양 수준의 강의 등)을 이해하는 데 필요한 전반적인 청해력을 측정하기 위해 대화문(dialogue)과 담화문(monologue)의 소재를 균형 있게 다루었습니다.

어휘 (Vocabulary) _30문항

문맥 없이 단순한 동의어 및 반의어를 선택하는 시험 유형을 배제하고 의미 있는 문맥을 근거로 가장 적절한 어휘를 선택하는 유형을 문어체와 구어체로 나누어 측정합니다.

문법 (Grammar) _30문항

밑줄 친 부분 중 오류를 식별하는 유형 등의 단편적이며 기계적인 문법 지식 학습을 조장할 우려가 있는 분리식 시험 유형을 배제하고, 의미 있는 문맥을 근거로 오류를 식별하는 유형을 통하여 진정한 의사소통 능력의 바탕이 되는 살아 있는 문법, 어법 능력을 문어체와 구어체를 통하여 측정합니다.

독해 (Reading Comprehension) _35문항

교양 있는 수준의 글(신문, 잡지, 대학 교양과목 개론 등)과 실용적인 글(서신, 광고, 홍보, 지시문, 설명문, 양식 등)을 이해하는 데 요구되는 총체적인 독해력을 측정하기 위해서 실용문 및 비전문적 학술문과 같은 독해 지문의 소재를 균형 있게 다루었습니다.

청해 Listening Comprehension

★ PART I (10문항)

두 사람의 질의응답 문제를 다루며, 한 번만 들려줍니다. 내용 자체는 단순하고 기본적인 수준의 생활 영어 표현으로 구성되어 있지만, 교과서적인 지식보다는 재빠른 상황 판단 능력이 필요합니다. **Part I**에서는 속도 적응 능력뿐만 아니라 순발력 있는 상황 판단 능력이 요구됩니다.

Choose the most appropriate response to the statement.

W I heard that it's going to be very hot tomorrow.

M _____

(a) It was the hottest day of the year.
(b) Be sure to dress warmly.
(c) Let's not sweat the details.
(d) It's going to be a real scorcher.

W 내일은 엄청 더운 날씨가 될 거래.

M _____

(a) 일 년 중 가장 더운 날이었어.
(b) 옷을 따뜻하게 입도록 해.
(c) 사소한 일에 신경 쓰지 말자.
(d) 엄청나게 더운 날이 될 거야.

정답 (d)

★ PART II (10문항)

짧은 대화 문제로, 두 사람이 A-B-A 순으로 보통의 속도로 대화하는 형식입니다. 소요 시간은 약 12초 전후로 짧습니다. **Part I**과 마찬가지로 한 번만 들려줍니다.

Choose the most appropriate response to complete the conversation.

M Would you like to join me to see a musical?

W Sorry no. I hate musicals.

M How could anyone possibly hate a musical?

W _____

(a) Different strokes for different folks.
(b) It's impossible to hate musicals.
(c) I agree with you.
(d) I'm not really musical.

M 나랑 같이 뮤지컬 보러 갈래?

W 미안하지만 안 갈래. 나 뮤지컬을 싫어하거든.

M 뮤지컬 싫어하는 사람도 있어?

W _____

(a) 사람마다 제각각이지 뭐.
(b) 뮤지컬을 싫어하는 것은 불가능해.
(c) 네 말에 동의해.
(d) 나는 그다지 음악에 재능이 없어.

정답 (a)

앞의 두 파트에 비해 다소 긴 대화를 들려줍니다. NEW TEPS에서는 대화와 질문 모두 한 번만 들려 줍니다. 대화의 주제나 주로 일어나고 있는 일, 화자가 갖고 있는 문제점, 세부 내용, 추론할 수 있는 것 등에 대해 묻습니다.

Choose the option that best answers the question.

W I just went to the dentist, and he said I need surgery.

M That sounds painful!

W Yeah, but that's not even the worst part. He said it will cost $5,000!

M Wow! That sounds too expensive. I think you should get a second opinion.

W Really? Do you know a good place?

M Sure. Let me recommend my guy I use. He's great.

Q: Which is correct according to the conversation?

(a) The man doesn't like his dentist.

(b) The woman believes that $5,000 sounds like a fair price.

(c) The man thinks that the dental surgery is too costly for her.

(d) The woman agrees that the dental treatment will be painless.

W 치과에 갔는데, 의사가 나보고 수술을 해야 한대.

M 아프겠다!

W 응, 하지만 더 심한 건 수술 비용이 5천 달러라는 거야!

M 왜! 너무 비싸다. 다른 의사의 진단을 받아 보는 게 좋겠어.

W 그래? 어디 좋은 곳이라도 알고 있니?

M 물론이지. 내가 가는 곳을 추천해 줄게. 잘하시는 분이야.

Q 대화에 의하면 다음 중 옳은 것은?

(a) 남자는 담당 치과 의사를 좋아하지 않는다.

(b) 여자는 5천 달러가 적당한 가격이라고 생각한다.

(c) 남자는 치과 수술이 여자에게 너무 비싸다고 생각한다.

(d) 여자는 치과 시술이 아프지 않을 것이라는 점에 동의한다.

정답 (c)

★ PART IV (6문항)

이전 파트와 달리, 한 사람의 담화를 다룹니다. 방송이나 뉴스, 강의, 회의를 시작하면서 발제하는 것 등의 상황이 나옵니다. Part IV, Part V는 담화와 질문을 두 번씩 들려줍니다. 담화의 주제와 세부 내용, 추론할 수 있는 것 등에 대해 묻습니다.

Choose the option that best answers the question.

Tests confirmed that a 19-year-old woman recently died of the bird flu virus. This was the third such death in Indonesia. Cases such as this one have sparked panic in several Asian nations. Numerous countries have sought to discover a vaccine for this terrible illness. Officials from the Indonesian Ministry of Health examined the woman's house and neighborhood, but could not find the source of the virus. According to the ministry, the woman had fever for four days before arriving at the hospital.

Q: Which is correct according to the news report?

(a) There is an easy cure for the disease.

(b) Most nations are unconcerned with the virus.

(c) The woman caught the bird flu from an unknown source.

(d) The woman was sick for four days and then recovered.

최근 19세 여성이 조류 독감으로 사망한 것이 검사로 확인되었고, 인도네시아에서 이번이 세 번째이다. 이와 같은 사건들이 일부 아시아 국가들에게 극심한 공포를 불러 일으켰고, 많은 나라들이 이 끔찍한 병의 백신을 찾기 위해 힘쓰고 있다. 인도네시아 보건부의 직원들은 그녀의 집과 이웃을 조사했지만, 바이러스의 근원을 찾을 수 없었다. 보건부에 의하면, 그녀는 병원에 도착하기 전 나흘 동안 열이 있었다.

Q 뉴스 보도에 의하면 다음 중 옳은 것은?

(a) 이 병에는 간단한 치료법이 있다.

(b) 대부분의 나라들은 바이러스에 대해 관심이 없다.

(c) 여자는 알려지지 않은 원인에 의해 조류 독감에 걸렸다.

(d) 여자는 나흘 동안 앓고 나서 회복되었다.

정답 (c)

이번 NEW TEPS에 새롭게 추가된 유형으로 1지문 2문항 유형입니다. 2개의 지문이 나오므로 총 4문항을 풀어야 합니다. 주제와 세부 내용, 추론 문제가 섞여서 출제되며, 담화와 질문을 두 번씩 들려줍니다.

Choose the option that best answers each question.

Most of you have probably heard of the Tour de France, the most famous cycling race in the world. But you may not be familiar with its complex structure and award system. The annual race covers about 3,500 kilometers across 21 days of racing. It has a total of 198 riders split into 22 teams of 9. At the end of the tour, four riders are presented special jerseys.

The most prestigious of these is the yellow jerseys. This is given to the rider with the lowest overall time. The white jersey is awarded on the same criterion, but it's exclusive to participants under the age of 26. The green jersey and the polka-dot jersey are earned based on points awarded at every stage of the race. So what's the difference between these two jerseys? Well, the competitor with the most total points gets the green jersey, while the rider with the most points in just the mountain sections of the race receives the polka-dot one.

Q1: What is the talk mainly about?
(a) How the colors of the Tour de France jerseys were chosen.
(b) How the various Tour de France jerseys are won.
(c) Which Tour de France jerseys are the most coveted.
(d) Why riders in the Tour de France wear different colored jerseys.

Q2: Which jersey is given to the rider with the most points overall?
(a) The yellow jersey   (c) The green jersey
(b) The white jersey   (d)   The polka-dot jersey

여러분은 아마도 세계에서 가장 유명한 사이클링 대회인 투르 드 프랑스에 대해 들어보셨을 것입니다. 하지만 여러분은 그 대회의 복잡한 구조와 수상 체계에 대해서는 잘 모를 것입니다. 매년 열리는 이 대회는 21일 동안 약 3,500킬로미터를 주행하게 되어있습니다. 이 대회에서 총 198명의 참가자가 각각 9명으로 구성된 22팀으로 나뉩니다. 대회 마지막에는 4명의 선수에게 특별한 저지를 수여합니다.

가장 영예로운 것은 노란색 저지입니다. 이것은 가장 단시간에 도착한 참가자에게 수여됩니다. 흰색 저지는 같은 기준에 의하여 수여되는데, 26세 미만의 참가자에게만 수여됩니다. 녹색 저지와 물방울무늬 저지는 대회의 매 단계의 점수에 기반하여 주어집니다. 그럼 이 두 저지의 차이점은 무엇일까요? 자, 가장 높은 총점을 딴 참가자는 녹색 저지를 받고, 산악 구간에서 가장 많은 점수를 딴 참가자는 물방울무늬 저지를 받습니다.

Q1 담화문의 주제는 무엇인가?

(a) 투르 드 프랑스 저지의 색깔은 어떻게 정해지는가
(b) 다양한 투르 드 프랑스 저지가 어떻게 수여되는가
(c) 어떤 투르 드 프랑스 저지가 가장 선망의 대상이 되는가
(d) 투르 드 프랑스의 선수들이 다양한 색의 저지를 입는 이유는 무엇인가   정답 (b)

Q2 가장 많은 총점을 획득한 선수에게 어떤 저지가 주어지는가?

(a) 노란색 저지   (c) 녹색 저지
(b) 흰색 저지   (d) 물방울무늬 저지   정답 (c)

어휘 Vocabulary

★ PART I (10문항)

구어체로 되어 있는 A와 B의 대화 중 빈칸에 가장 적절한 단어를 고르는 문제입니다. 단어의 단편적인 의미보다는 문맥에서 쓰인 의미가 더 중요합니다. 한 개의 단어로 된 선택지뿐만 아니라 두세 단어 이상의 구를 이루는 선택지도 있습니다.

Choose the option that best completes the dialogue.

A Congratulations on your _____ of the training course.

B Thank you. It was hard, but I managed to pull through.

(a) improvement
(b) resignation
(c) evacuation
(d) completion

A 훈련 과정을 완수한 거 축하해.
B 고마워. 어려웠지만 가까스로 끝낼 수 있었어.

(a) 개선
(b) 사임
(c) 철수
(d) 완료

정답 (d)

★ PART II (20문항)

하나 또는 두 개의 문장 속의 빈칸에 가장 적당한 단어를 고르는 문제입니다. 어휘력을 늘릴 때 한 개씩 단편적으로 암기하는 것보다는 하나의 표현으로, 즉 의미 단위로 알아 놓는 것이 제한된 시간 내에 어휘 시험을 정확히 푸는 데 많은 도움이 됩니다. 후반부로 갈수록 수준 높은 어휘가 출제되며, 단어 사이의 미묘한 의미의 차이를 묻는 문제도 출제됩니다.

Choose the option that best completes the sentence.

Brian was far ahead in the game and was certain to win, but his opponent refused to _____.

(a) yield
(b) agree
(c) waive
(d) forfeit

브라이언이 게임에 앞서 가고 있어서 승리가 확실했지만 그의 상대는 굴복하려 하지 않았다.

(a) 굴복하다
(b) 동의하다
(c) 포기하다
(d) 몰수당하다

정답 (a)

문법 Grammar

★ PART I (10문항)

A와 B 두 사람의 짧은 대화를 통해 구어체 관용 표현, 품사, 시제, 인칭, 어순 등 문법 전반에 대한 이해를 묻습니다. 대화 중에 빈칸이 있고, 그곳에 들어갈 적절한 표현을 고르는 형식입니다.

> **Choose the option that best completes the dialogue.**
>
> | | |
> |---|---|
> | A I can't attend the meeting, either. | A 저도 회의에 참석할 수 없어요. |
> | B Then we have no choice _____ the meeting. | B 그러면 회의를 <u>취소하는 수밖에요.</u> |
> | (a) but canceling | (a) 그러나 취소하는 |
> | (b) than to cancel | (b) 취소하는 것보다 |
> | (c) than cancel | (c) 취소하는 것보다 |
> | (d) but to cancel | (d) 취소하는 수밖에 |
> | | 정답 (d) |

★ PART II (15문항)

Part I에서 구어체의 대화를 나눴다면, Part II에서는 문어체의 문장이 나옵니다. 서술문 속의 빈칸을 채우는 문제로 수 일치, 태, 어순, 분사 등 문법 자체에 대한 이해도는 물론 구문에 대한 이해력이 중요합니다.

> **Choose the option that best completes the sentence.**
>
> | | |
> |---|---|
> | _____ being pretty confident about it, Irene decided to check her facts. | 그 일에 대해 매우 자신감이 있었음에도 불구하고 아이린은 사실을 확인하기로 했다. |
> | (a) Nevertheless | (a) 그럼에도 불구하고 |
> | (b) Because of | (b) 때문에 |
> | (c) Despite | (c) 그럼에도 불구하고 |
> | (d) Instead of | (d) 대신에 |
> | | 정답 (c) |

18

① A–B–A–B의 대화문에서 어법상 틀리거나 문맥상 어색한 부분이 있는 문장을 고르는 문제입니다. 이 영역 역시 문법 뿐만 아니라 정확한 구문 파악과 대화 내용을 이해하는 능력이 중요합니다.

Identify the option that contains a grammatical error.

(a) A: What are you doing this weekend?

(b) B: Going fishing as usual.

(c) A: Again? What's the fun in going fishing? Actually, I don't understand why people go fishing.

(d) B: For me, I like being alone, thinking deeply to me, being surrounded by nature.

(a) A 이번 주말에 뭐해?

(b) B 평소처럼 낚시 가.

(c) A 또 가? 낚시가 뭐 재미있니? 솔직히 난 사람들이 왜 낚시를 하러 가는지 모르겠어.

(d) B 내 경우엔 자연에 둘러 싸여서 혼자 깊이 생각해 볼 수 있다는 게 좋아.

정답 (d) me → myself

---

② 한 문단을 주고 그 가운데 문법적으로 틀리거나 어색한 문장을 고르는 문제입니다. 문법적으로 틀린 부분을 신속하게 골라야 하므로 독해 문제처럼 속독 능력도 중요합니다.

Identify the option that contains a grammatical error.

(a) The creators of a new video game hope to change the disturbing trend of using violence to enthrall young gamers. (b) Video game designers and experts on human development teamed up and designed a new computer game with the gameplay that helps young players overcome everyday school life situations. (c) The elements in the game resemble regular objects: pencils, erasers, and the like. (d) The players of the game "win" by choose peaceful solutions instead of violent ones.

(a) 새 비디오 게임 개발자들은 어린 게이머들의 흥미 유발을 위해 폭력적인 내용을 사용하는 불건전한 판도를 바꿔 놓을 수 있기를 바란다. (b) 비디오 게임 개발자들과 인간 발달 전문가들이 공동으로 개발한 새로운 컴퓨터 게임은 어린이들이 매일 학교에서 부딪히는 상황에 잘 대처할 수 있도록 도와준다. (c) 실제로 게임에는 연필과 지우개 같은 평범한 사물들이 나온다. (d) 폭력적인 해결책보다 비폭력적인 해결책을 선택하면 게임에서 이긴다.

정답 (d) by choose → by choosing

★ **PART I** (10문항)

지문 속 빈칸에 알맞은 것을 고르는 유형입니다. 글 전체의 흐름을 파악하여 문맥상 빈칸에 들어갈 내용을 찾아야 하는데, 주로 지문의 주제와 관련이 있습니다. 마지막 두 문제, 9번과 10번은 빈칸에 알맞은 연결어를 고르는 문제입니다. 문맥의 흐름을 논리적으로 파악할 수 있어야 합니다.

Read the passage and choose the option that best completes the passage.

Tech industry giants like Facebook, Google, Twitter, and Amazon have threatened to shut down their sites. They're protesting legislation that may regulate Internet content. The Stop Online Piracy Act, or SOPA, according to advocates, will make it easier for regulators to police intellectual property violations on the web, but the bill has drawn criticism from online activists who say SOPA will outlaw many common internet-based activities, like downloading copyrighted content. A boycott, or blackout, by the influential web companies acts to _____.

(a) threaten lawmakers by halting all Internet access
(b) illustrate real-world effects of the proposed rule
(c) withdraw web activities the policy would prohibit
(d) laugh at the debate about what's allowed online

페이스북, 구글, 트위터, 아마존과 같은 거대 기술업체들이 그들의 사이트를 닫겠다고 위협했다. 그들은 인터넷 콘텐츠를 규제할지도 모르는 법령의 제정에 반대한다. 지지자들은 온라인 저작권 침해 금지 법안으로 인해 단속 기관들이 더 쉽게 웹상에서 지적 재산 침해 감시를 할 수 있다고 말한다. 그러나 온라인 활동가들은 저작권이 있는 콘텐츠를 다운로드하는 것과 같은 일반적인 인터넷 기반 활동들이 불법화될 것이라고 이 법안을 비판하고 있다. 영향력 있는 웹 기반 회사들에 의한 거부 운동 또는 보도 통제는 <u>발의된 법안이 현실에 미치는 영향을 보여 주기 위한</u> 것이다.

(a) 인터넷 접속을 금지시켜서 입법자들을 위협하기 위한
(b) 발의된 법안이 현실에 미치는 영향을 보여 주기 위한
(c) 그 정책이 금지하게 될 웹 활동들을 중단하기 위한
(d) 온라인에서 무엇이 허용될지에 대한 논쟁을 비웃기 위한

정답 (b)

★ PART II (2문항)

글의 흐름상 어색한 문장을 고르는 문제로, 전체 흐름을 파악하여 지문의 주제나 소재와 관계없는 내용을 고릅니다.

Read the passage and identify the option that does NOT belong.

For the next four months, major cities will experiment with new community awareness initiatives to decrease smoking in public places. (a) Anti-tobacco advertisements in recent years have relied on scare tactics to show how smokers hurt their own bodies. (b) But the new effort depicts the effects of second-hand smoke on children who breathe in adults' cigarette fumes. (c) Without these advertisements, few children would understand the effects of adults' hard-to-break habits. (d) Cities hope these messages will inspire people to think about others and cut back on their tobacco use.

향후 4개월 동안 주요 도시들은 공공장소에서의 흡연을 줄이기 위해 지역 사회의 의식을 촉구하는 새로운 계획을 시도할 것이다. (a) 최근에 금연 광고는 흡연자가 자신의 몸을 얼마나 해치고 있는지를 보여 주기 위해 겁을 주는 방식에 의존했다. (b) 그러나 이 새로운 시도는 어른들의 담배 연기를 마시는 아이들에게 미치는 간접흡연의 영향을 묘사한다. (c) 이러한 광고가 없다면, 아이들은 어른들의 끊기 힘든 습관이 미칠 영향을 모를 것이다. (d) 도시들은 이러한 메시지가 사람들에게 타인에 대해서 생각해 보고 담배 사용을 줄이는 마음이 생기게 할 것을 기대하고 있다.

정답 (c)

글의 내용 이해를 측정하는 문제로, 글의 주제나 대의 혹은 전반적 논조를 파악하는 문제, 세부 내용을 파악하는 문제, 추론하는 문제가 있습니다.

Read the passage, question, and options. Then, based on the given information, choose the option that best answers the question.

In theory, solar and wind energy farms could provide an alternative energy source and reduce our dependence on oil. But in reality, these methods face practical challenges no one has been able to solve. In Denmark, for example, a country with some of the world's largest wind farms, it turns out that winds blow most when people need electricity least. Because of this reduced demand, companies end up selling their power to other countries for little profit. In some cases, they pay customers to take the leftover energy.

Q: Which of the following is correct according to the passage?

(a) Energy companies can lose money on the power they produce.

(b) Research has expanded to balance supply and demand gaps.

(c) Solar and wind power are not viewed as possible options.

(d) Reliance on oil has led to political tensions in many countries.

이론상으로 태양과 풍력 에너지 발전 단지는 대체 에너지 자원을 제공하고 원유에 대한 의존을 낮출 수 있다. 그러나 사실상 이러한 방법들은 아무도 해결할 수 없었던 현실적인 문제에 부딪친다. 예를 들어 세계에서 가장 큰 풍력 에너지 발전 단지를 가진 덴마크에서 사람들이 전기를 가장 덜 필요로 할 때 가장 강한 바람이 분다는 것이 판명되었다. 이러한 낮은 수요 때문에 회사는 결국 그들의 전력을 적은 이윤으로 다른 나라에 팔게 되었다. 어떤 경우에는 남은 에너지를 가져가라고 고객에게 돈을 지불하기도 한다.

Q 이 글에 의하면 다음 중 옳은 것은?

(a) 에너지 회사는 그들이 생산한 전력으로 손해를 볼 수도 있다.

(b) 수요와 공급 격차를 조정하기 위해 연구가 확장되었다.

(c) 태양과 풍력 에너지는 가능한 대안으로 간주되지 않는다.

(d) 원유에 대한 의존은 많은 나라들 사이에 정치적 긴장감을 가져왔다.

정답 (a)

이번 NEW TEPS에 새롭게 추가된 유형으로 1지문 2문항 유형입니다. 5개의 지문이 나오므로 총 10문항을 풀어야 합니다. 주제와 세부 내용, 추론 문제가 섞여서 출제됩니다.

Read the passage, questions, and options. Then, based on the given information, choose the option that best answers each question.

You seem exasperated that the governor's proposed budget would triple the funding allocated to state parks. What's the problem? Such allocation hardly represents "profligate spending," as you put it. Don't forget that a third of all job positions at state parks were cut during the last recession. This left the parks badly understaffed, with a dearth of park rangers to serve the 33 million people who visit them annually. It also contributed to deterioration in the parks' natural beauty due to a decrease in maintenance work.

These parks account for less than 1% of our state's recreational land, yet they attract more visitors than our top two largest national parks and national forests combined. They also perform a vital economic function, bringing wealth to nearby rural communities by attracting people to the area. The least we can do is to provide the minimum funding to help keep them in good condition.

Q1: What is the writer mainly trying to do?
(a) Justify the proposed spending on state parks
(b) Draw attention to the popularity of state parks
(c) Contest the annual number of state park visitors
(d) Refute the governor's stance on the parks budget

Q2: Which statement would the writer most likely agree with?
(a) Low wages are behind the understaffing of the state parks.
(b) State parks require more promotion than national parks.
(c) The deterioration of state parks is due mainly to overuse.
(d) The state parks' popularity is disproportionate to their size.

여러분은 주립 공원에 할당된 예산을 세배로 증가시키려는 주지사의 제안을 듣고 분노할지도 모른다. 무엇이 문제일까? 그와 같은 할당은 여러분들이 말하듯이 '낭비적인 지출'이라고 말하기 힘들다. 지난 경제 침체기 동안 주립 공원 일자리의 1/3이 삭감되었다는 사실을 잊지 말기 바란다. 이 때문에 공원은 부족한 관리인들이 매년 공원을 방문하는 3천3백만 명의 사람들을 처리해야 하는 인력 부족에 시달리고 있다. 또 그 때문에 관리 작업 부족으로 공원의 자연 경관이 망가지게 되었다.

이 공원들은 주의 여가지의 1%도 차지하지 않지만, 규모가 가장 큰 2개의 국립공원과 국립 숲을 합친 것보다 많은 방문객을 끌어들인다. 그들은 사람들을 그 지역으로 끌어들여 부를 주변의 공동체에게 가져다줌으로써 중요한 경제적 기능을 한다. 우리가 할 수 있는 최소한의 일은 공원이 잘 관리될 수 있도록 최소한의 자금을 조달하는 것이다.

Q1 작가가 주로 하고 있는 것은?

(a) 주립 공원 예산안을 정당화하기

(b) 주립 공원 인기에 대한 주의를 환기시키기

(c) 매년 주립 공원을 방문하는 사람 수에 대한 의문 제기하기

(d) 공원 예산에 대한 주지사의 입장에 대해 반박하기

정답 (a)

Q2 저자가 동의할 것 같은 내용은?

(a) 인력난에 시달리는 주립 공원의 배경에는 낮은 임금이 있다.

(b) 주립 공원은 국립공원보다 더 많은 지원이 필요하다.

(c) 주립 공원은 지나친 사용 때문에 망가지고 있다.

(d) 주립 공원의 인기는 그 규모와는 어울리지 않는다.

정답 (b)

※ 독해 Part 4 뉴텝스 샘플 문제는 서울대텝스관리위원회에서 제공한 문제입니다. (www.teps.or.kr)

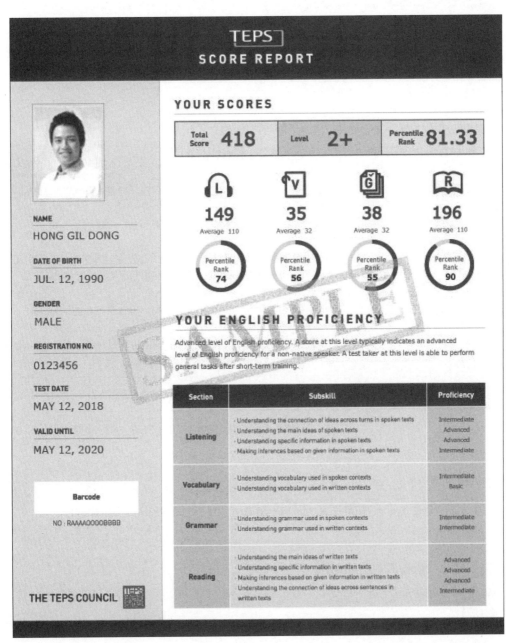

NEW TEPS Q&A

1 / 시험 접수는 어떻게 해야 하나요?

정기 시험은 회차별로 지정된 접수 기간 중 인터넷(www.teps.or.kr) 또는 접수처를 방문하여 접수하실 수 있습니다. 정시 접수의 응시료는 39,000원입니다. 접수기간을 놓친 수험생의 응시편의를 위해 마련된 추가 접수도 있는데, 추가 접수 응시료는 42,000원입니다.

2 / 텝스관리위원회에서 인정하는 신분증은 무엇인가요?

아래 제시된 신분증 중 한 가지를 유효한 신분증으로 인정합니다.

일반인, 대학생	주민등록증, 운전면허증, 기간 만료전의 여권, 공무원증, 장애인 복지카드, 주민등록(재)발급 확인서 *대학(원)생 학생증은 사용할 수 없습니다.
중 · 고등학생	학생증(학생증 지참 시 유의 사항 참조), 기간 만료 전의 여권, 청소년증(발급 신청 확인서), 주민등록증(발급 신청 확인서), TEPS신분확인증명서
초등학생	기간 만료 전의 여권, 청소년증(발급신청확인서), TEPS신분확인증명서
군인	주민등록증(발급신청확인서), 운전면허증, 기간만료 전의 여권, 현역간부 신분증, 군무원증, TEPS신분확인증명서
외국인	외국인등록증, 기간 만료 전의 여권, 국내거소신고증(출입국 관리사무소 발행)

*시험 당일 신분증 미지참자 및 규정에 맞지 않는 신분증 소지자는 시험에 응시할 수 없습니다.

3 / TEPS 시험 볼 때 꼭 가져가야 하는 것은 무엇인가요?

신분증, 컴퓨터용 사인펜, 수정테이프(컴퓨터용 연필, 수정액은 사용 불가), 수험표입니다.

4 / TEPS 고사장에 도착해야 하는 시간은 언제인가요?

오전 9시 30분까지 입실을 완료해야 합니다. (토요일 시험의 경우 오후 2:30까지 입실 완료)

5 / 시험장의 시험 진행 일정은 어떻게 되나요?

	시험 진행 시간	내용	비고
시험 준비 단계 (입실 완료 후 30분)	10분	답안지 오리엔테이션	1차 신분확인
	5분	휴식	
	10분	신분확인 휴대폰 수거 (기타 통신전자기기 포함)	2차 신분확인
	5분	최종 방송 테스트 문제지 배부	
본 시험 (총 105분)	40분	청해	쉬는 시간 없이 시험 진행 각 영역별 제한시간 엄수
	25분	어휘/문법	
	40분	독해	

*시험 진행 시험 당일 고사장 사정에 따라 변동될 수 있습니다.
*영역별 제한 시간 내에 해당 영역의 문제 풀이 및 답안 마킹을 모두 완료해야 합니다.

6 / 시험 점수는 얼마 후에 알게 되나요?

TEPS 정기시험 성적 결과는 시험일 이후 2주차 화요일 17시에 TEPS 홈페이지를 통해 발표되며 우편 통보는 성적 발표일로부터 7~10일 가량 소요됩니다. 성적 확인을 위해서는 성적 확인용 비밀번호를 반드시 입력해야 합니다. 성적 확인 비밀번호는 가장 최근에 응시한 TEPS 정기 시험 답안지에 기재한 비밀번호 4자리입니다. 성적 발표일은 변경될 수 있으니 홈페이지 공지사항을 참고하시기 바랍니다. TEPS 성적은 2년간 유효합니다.

※자료 출처 : www.teps.or.kr

NEWTEPS 등급표

등급	점수	영역	능력검정기준(Description)
1⁺	526~600	전반	**외국인으로서 최상급 수준의 의사소통 능력** 교양 있는 원어민에 버금가는 정도로 의사소통이 가능하고 전문분야 업무에 대처할 수 있음 (Native Level of English Proficiency)
1	453~525	전반	**외국인으로서 최상급 수준에 근접한 의사소통능력** 단기간 집중 교육을 받으면 대부분의 의사소통이 가능하고 전문분야 업무에 별 무리 없이 대처할 수 있음 (Near-Native Level of Communicative Competence)
2⁺	387~452	전반	**외국인으로서 상급 수준의 의사소통능력** 단기간 집중 교육을 받으면 일반 분야업무를 큰 어려움 없이 수행할 수 있음 (Advanced Level of Communicative Competence)
2	327~386	전반	**외국인으로서 중상급 수준의 의사소통능력** 중장기간 집중 교육을 받으면 일반분야 업무를 큰 어려움 없이 수행할 수 있음 (High Intermediate Level of Communicative Competence)
3⁺	268~326	전반	**외국인으로서 중급 수준의 의사소통능력** 중장기간 집중 교육을 받으면 한정된 분야의 업무를 큰 어려움 없이 수행할 수 있음 (Mid Intermediate Level of Communicative Competence)
3	212~267	전반	**외국인으로서 중하급 수준의 의사소통능력** 중장기간 집중 교육을 받으면 한정된 분야의 업무를 다소 미흡하지만 큰 지장 없이 수행할 수 있음 (Low Intermediate Level of Communicative Competence)
4⁺	163~211	전반	**외국인으로서 하급수준의 의사소통능력** 장기간의 집중 교육을 받으면 한정된 분야의 업무를 대체로 어렵게 수행할 수 있음 (Novice Level of Communicative Competence)
4	111~162		
5⁺	55~110	전반	**외국인으로서 최하급 수준의 의사소통능력** 단편적인 지식만을 갖추고 있어 의사소통이 거의 불가능함 (Near-Zero Level of Communicative Competence)
5	0~54		

I

NEW TEPS
핵심 문법 전략

Unit 01 문장의 구조

Unit 02 어순

Unit 03 시제

Unit 04 수의 일치

Unit 05 능동태 & 수동태

Unit 06 부정사 & 동명사

Unit 07 분사

Unit 08 관계사

Unit 09 조동사 & 가정법

Unit 10 명사 & 관사 & 대명사

Unit 11 형용사 & 부사 & 비교급

Unit 12 전치사 & 접속사

01 문장의 구조

유형 리뷰 | 문장의 구조는 매회 1문항의 출제 빈도를 보인다. 문장의 구조를 결정짓는 것은 동사인 경우가 많으므로 동사의 활용과 관련하여 그 특징을 파악하는 것이 관건이다.

 Part II

Point
- 사역동사와 지각동사의 목적격 보어
- 목적어를 두 개 취하는 동사
- 목적격 보어로 to부정사를 취하는 동사
- 전치사를 붙이기 쉬운 타동사

Choose the option that best completes the sentence.

Tom had his left leg _____ in the traffic accident.

(a) break   →   사역동사의 목적어와 목적격 보어의 관계가 '능동'인 경우에 동사원형이 옴

(b) broke

(c) broken   →   사역동사의 목적어와 목적격 보어의 관계가 '수동'이므로 과거분사형이 적합함

(d) was broken

문제 풀이법   사역동사 〈have+목적어+과거분사=수동의 의미〉를 공식처럼 익혀 두어야 한다. 목적어(his left leg)와 목적격 보어의 관계가 의미상 수동이 되어야 하므로 break의 과거분사형인 (c) broken이 정답이다.

번역   톰은 교통 사고로 왼쪽 다리가 부러졌다.

기출 포인트 1 사역동사는 〈사역동사+목적어+동사원형[과거분사]〉 문형을 취한다.

1. 사역동사(make, have, let) 뒤에 목적어와 목적격 보어의 관계가 '능동'이면 동사원형을 쓴다.

   I made <u>my sister</u> clean the room. 〈make+목적어+동사원형: '능동'의 의미〉
   나는 여동생에게 방을 청소하라고 시켰다.

2. 사역동사 뒤에 목적어와 목적격 보어의 관계가 '수동(~당하다)'이면 과거분사를 쓴다.

   The actress had <u>the man</u> arrested for stalking her.
   〈have+목적어+과거분사: '수동'의 의미〉 그 여배우는 자신을 스토킹했다는 이유로 그 남자를 체포당하게 했다.

기출 포인트 2 지각동사는 〈지각동사+목적어+동사원형[현재분사]〉 문형을 취한다.

1. 지각동사(see, watch, hear, listen to, feel 등)는 목적어 뒤에 주로 동사원형이 온다.
   I saw <u>my father</u> enter the office. 〈see+목적어+동사원형〉
   나는 아버지가 사무실로 들어가시는 것을 봤다.

2. 지각동사 뒤에 목적격 보어로 현재분사(-ing)가 오면 '진행(~하는 중)'의 의미가 강하다.

   The teacher heard <u>someone</u> calling her name. 〈hear+목적어+현재분사〉
   그 교사는 누군가가 그녀의 이름을 부르는 것을 들었다.

기출 포인트 3 expect류의 동사는 목적어 뒤에 목적격 보어로 〈to+동사원형〉을 쓴다.

   He expected <u>the package</u> to arrive at the office by tomorrow.
   그는 소포가 내일쯤 사무실에 도착할 것으로 예상했다.

   The manager forced <u>her</u> to attend the meeting.
   매니저는 그녀에게 회의에 참석하라고 강요했다.

   ▶ to부정사를 목적격 보어로 취하는 동사: expect, force, want, ask, allow, enable, persuade 등

기출 포인트 4 say류의 동사는 〈주어+say+that절〉 문형으로 쓴다.

   She said that she failed the exam again. 그녀는 시험에 또 떨어졌다고 말했다.

   cf) She said (to me) that she failed the exam again. (o) (to me 생략 가능)
       She said me that she failed the exam again. (x)
       (〈주어+동사+목적어+that절〉 구문은 불가능)

   ▶ 〈주어+동사+(to+목적어)+that절〉 구문을 취하는 동사:
     say, confess, propose, explain, report, announce, suggest, introduce 등

기출 포인트 5 assure류의 동사는 〈주어+assure+목적어+that절〉 문형으로 쓴다.

He assured **us** that his son is innocent. 그는 우리에게 자기 아들의 결백을 보증했다.

The secretary reminded **them** that they would leave after lunch.
비서는 그들에게 점심식사 후에 출발한다는 것을 상기시켰다.

▶ 〈주어+동사+목적어+that절〉 구문을 취하는 동사: assure, remind, convince, tell, persuade, inform, teach, satisfy 등은 목적어 앞에 전치사를 쓰지 않는다.

기출 포인트 6 suggest류의 동사는 〈주어+suggest+that+주어+(should)+동사원형〉 문형으로 쓴다.

The doctor suggested that I (should) take a walk every day.
의사는 나에게 매일 산책하라고 제안했다.

I insisted that her husband (should) apply for the job.
나는 그녀의 남편에게 그 일자리에 지원하라고 강하게 요구했다.

▶ 〈주어+동사+that+주어+(should)+동사원형〉 구문을 취하는 동사: suggest, insist, propose, request, order, recommend 등은 요구, 제안, 주장을 나타내는 동사이다.

기출 포인트 7 다음의 동사들은 타동사이므로 전치사를 쓸 수 없다.

The twins resemble with each other closely. 쌍둥이는 서로 상당히 많이 닮았다.

The conductor finally married with the famous cellist.
지휘자는 마침내 유명한 첼리스트와 결혼했다.

cf) My sister is married to a doctor. 〈be married to ~와 결혼해서 살고 있다〉
내 여동생은 의사와 결혼해서 살고 있다.

The committee discussed about the matter in detail.
위원회는 그 문제에 대해서 상세히 논의했다.

He mentioned about the pay raise issue during the meeting.
그는 회의 중에 급여 인상 문제를 언급했다.

The bus entered into the downtown area behind schedule.
버스가 예정보다 늦게 시내로 들어왔다.

I'm sorry, but I can't attend to the meeting.
죄송합니다만, 회의에 참석할 수가 없겠네요.

Please listen carefully and answer to the question.
주의 깊게 듣고 질문에 답해 주세요.

cf) The professor replied to the question. (o) 〈reply to = answer ~에 답하다〉
교수는 질문에 대답했다.

형용사나 명사는 문장에서 보어로 쓰일 수 있다.

1. 부사처럼 해석되지만 형용사를 보어로 취하는 동사: look, seem, appear, sound, taste 등

My father looks happily. (x) → My father looks happy. (o) 〈look+형용사(주격보어)〉
아버지는 행복해 보인다.
▸ 부사는 문장에서 보어로 쓰일 수 없다.

2. 목적격 보어로 형용사나 명사를 취하는 동사: find, leave, make, keep, consider, call 등

I found him strong. 〈find+목적어+형용사(목적격 보어)〉 나는 그가 강하다는 것을 알았다.

I consider my nephew a genius. 〈consider+목적어+명사(목적격 보어)〉
나는 내 조카를 천재라고 생각한다.

수여동사는 간접목적어와 직접목적어의 순서를 바꿀 때 전치사를 사용한다.

〈동사+간접목적어+직접목적어〉의 문장 구조는 〈동사+직접목적어+전치사+간접목적어〉로 바꿀 수 있다.

He gave me some money. (o) → He gave some money to me. (o) 그는 나에게 약간의 돈을 주었다.
　　　　　間接목적어　直接목적어　　　　　　　　　　直接목적어　　間接목적어

▸ 전치사 to를 취하는 동사: give, tell, offer, send, lend, bring, show, hand 등

She bought him the toy. (o) → She bought the toy for him. (o)
그녀는 그에게 장난감을 사줬다.
▸ 전치사 for를 취하는 동사: buy, get, make, order, find 등

May I ask you a question? (o) → May I ask a question of you? (o)
질문해도 될까요?
▸ 전치사 of를 취하는 동사: ask, inquire, require, demand 등

목적어를 두 개 취하는 동사와 수여동사를 구별하라.

The project cost them lots of money. 프로젝트 때문에 그들은 많은 돈이 들었다.

I envy you (for) your success. (목적어가 둘 다 대명사이면 전치사를 생략할 수 없다.)
나는 너의 성공이 부럽다.
▸ 〈주어+동사+목적어+목적어〉 구문을 취하는 동사: cost, save, envy, forgive 등

📖 텝스 문법 기본 훈련

※ 괄호 안에서 알맞은 것을 고르세요.

1 My boss seemed (☐angry ☐angrily) after the meeting.
내 상사는 회의가 끝난 후에 화난 것처럼 보였다.

2 He offered a team leader position (☐to ☐for ☐of) me.
그는 나에게 팀장 자리를 제안했다.

3 This wrinkle-free shirt saves (☐me ☐to me) the trouble of ironing.
이 구김 방지 셔츠는 다림질하는 수고를 덜어준다.

4 She had her purse (☐steal ☐stolen ☐to steal) yesterday.
그녀는 어제 손지갑을 도난당했다.

5 They heard the man (☐laughed ☐laughing ☐to laugh) loudly.
그들은 그 남자가 큰 소리로 웃고 있는 것을 들었다.

6 I confessed (☐that ☐her that) I broke the window.
나는 창문을 깼다고 자백했다.

7 My husband convinced (☐me that ☐to me that) he would be back soon.
남편은 곧 돌아올 거라고 나를 납득시켰다.

8 The principal suggested that the final exams (☐was ☐be) postponed.
교장은 기말고사를 연기할 것을 제안했다.

9 Why do you mention (☐the matter ☐about the matter) here?
여기에서 왜 그 문제를 꺼내는 거야?

정답	1. angry	2. to	3. me	4. stolen	5. laughing
	6. that	7. me that	8. be	9. the matter	

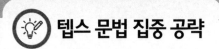

텝스 문법 집중 공략

Part I
Choose the option that best completes each dialogue.

1

A: Who is the band that's playing?
B: I'm not sure, but they sound _____.

(a) wonder
(b) wonderful
(c) wonderfully
(d) wondering

2

A: Have you seen the tax report?
B: I thought I handed it _____ you a moment ago.

(a) to
(b) for
(c) of
(d) from

3

A: We need to return this bike to avoid a late fee.
B: That thought just _____ me too.

(a) was striking
(b) will strike
(c) strikes
(d) struck

4

A: Your old coat looks like it's brand new.
B: Thanks. I just had it _____.

(a) to clean
(b) cleaned
(c) cleaning
(d) cleans

5

A: Don't you want to see the baseball game?

B: No, I can't watch my team _____ again.

(a) loses

(b) lose

(c) had lost

(d) was losing

Part II
Choose the option that best completes each sentence.

6

The union negotiator persuaded the administrators _____ the workers' demand for higher pay.

(a) were considering

(b) had considered

(c) considering

(d) to consider

7

On Friday, Professor Orbeck announced _____ we would be able to earn extra credit by conducting a survey.

(a) and so

(b) us that

(c) so

(d) that

8

A group of scientists informed _____ that a cure for the disease had been found.

(a) the health workers

(b) the workers health

(c) to healthy workers

(d) to the health workers

9

The advice offered in *Advanced Traveling Tips* will save _____ hundreds of dollars on your next trip.

(a) you
(b) your
(c) yours
(d) yourself

10

Mark got stuck in a traffic jam and that caused him _____ at work late.

(a) arrives
(b) arriving
(c) to arrive
(d) for arriving

Part III
Read each dialogue or passage carefully and identify the option that contains a grammatical error.

11

(a) A: What did you tell Jenna about her science project?
(b) B: I suggested her that she choose a different experiment.
(c) A: So, you didn't like her first idea very much?
(d) B: No, I found it too unoriginal.

12

(a) For centuries, people have gathered once a year in the town of Pushkar, India, for the Pushkar Camel Fair. (b) They bring their camels, in addition to other livestock like cows and sheep, to sell, trade, and join in the fun. (c) It is the largest such fair in the world, and it can look and sound very chaotic to people who are not used to it. (d) Because it is such a unique event, thousands of tourists usually attend to the Pushkar Camel Fair.

02 어순

유형 리뷰 | 어순을 묻는 문제는 매회 2~3문항 정도로 출제된다. 간접의문문의 어순이나 주어와 동사가 도치되는 어순이 자주 출제된다.

 Part I

Point
- 부정어나 부사어가 문장 맨 앞에 나올 때의 어순
- 간접의문문의 어순
- 이어동사의 목적어가 대명사일 때의 어순
- 한정사와 관사의 어순

Choose the option that best completes the dialogue.

A: I haven't even picked a research topic yet.
B: Neither _____ I.

(a) have   →   주어가 I이고 현재완료 시제이므로 have가 적합함
(b) haven't   →   Neither 자체에 부정의 뜻이 내포되어 있어 not은 불필요함
(c) had
(d) hadn't

문제 풀이법 〈Neither[Nor]+동사+주어〉는 동의하는 응답으로 '나도 마찬가지로 ~하지 않았다'라는 의미이다. 부정어 뒤에 오는 동사는 완료 시제이기 때문에 have/ has/ had가 올 수 있는데, 현재완료 시제이고 주어가 1인칭 (I)이므로 정답은 (a) have이다. Neither 자체에 부정어가 포함된 것이므로 (b)는 답이 될 수 없음에 유의한다.

번역   A: 나 아직 연구 주제도 정하지 못했어.
           B: 나도 못 정했어.

빈출 문법 훈련

기출 포인트 1 So/ Neither/ Nor로 동의를 나타낼 때는 주어와 동사가 도치된다.

1. 긍정문의 동의는 〈So+동사+주어〉의 어순이고 '～도 또한 마찬가지다'라고 해석한다.

    A: My father likes coffee. 우리 아빠는 커피를 좋아하셔.

    B: So does my mother. 우리 엄마도 그러신데.

2. 부정문의 동의는 〈Neither[Nor]+동사+주어〉이고 '～도 마찬가지로 아니다'라고 해석한다.

    A: I haven't turned in the report yet. 보고서를 아직 제출하지 않았어.

    B: Neither[Nor] have I. 나도 마찬가지로 안 했어.

    ▶ 앞 문장의 동사가 일반동사이면 So/ Neither[Nor] 다음에 주어의 수와 시제에 따라서 do/ does/ did를
    쓰고, be동사이면 주어에 맞게 be동사를 쓰며, 조동사이면 So/ Neither[Nor] 다음에 조동사를 쓴다.
    완료 시제인 경우에는 주어의 수와 시제에 따라서 have/ has/ had를 쓴다.

    → All the team members enjoyed themselves yesterday. / So did my sister.
    어제는 팀원들 모두가 즐거운 시간을 보냈다. 내 여동생도 재미있게 놀았다.

기출 포인트 2 부정어가 문장 맨 앞에 나올 때는 주어와 동사가 도치된다.

Never did she come to the party.
그녀는 절대 파티에 오지 않았다.

Not until this year did people realize that he was right.
올해가 되어서야 비로소 사람들은 그가 옳았다는 것을 깨달았다.

No sooner had she gone to bed than she fell asleep.
그녀는 잠자리에 들자마자 잠이 들었다.

▶ 〈No sooner+had+주어+p.p.～, than+주어+과거 동사…(～하자마자 …했다)〉 구문에서도 부정어가
맨 앞에 있기 때문에 주어와 동사가 도치되어 〈had+주어+p.p.〉의 어순이 된다.

Not only does the teacher speak English, but she also knows how to teach.
그 선생님은 영어를 말할 뿐만 아니라 가르치는 방법도 안다.

▶ 〈Not only A, but also B(A뿐만 아니라 B도)〉 구문도 부정어가 맨 앞에 놓이면 주어와 동사의 어순이 도치된다.

기출 포인트 3 **직접의문문과 간접의문문의 어순은 서로 다르다.**

1. **직접의문문의 어순은 〈의문사+동사+주어〉이다.**

   Who is the man over there? 건너편에 있는 저 남자는 누구니?

2. **간접의문문의 어순은 〈의문사+주어+동사〉이다.**

   Do you know who the lead singer of the band is? 그 밴드의 리드 싱어가 누구인지 아니?
   cf) Do you think who the woman is? (x) → Who do you think the woman is? (o)
   저 여자가 누구라고 생각하니?

   ▸ 간접의문문에서 동사가 think, believe, suppose, say, guess, imagine 등이면 의문사가 문장 맨 앞으로
     나감에 유의한다.

3. **Why…? = How come…?의 어순이 서로 다름에 유의한다.**

   Why is she angry? 〈Why+동사+주어?〉
   = How come she is angry? 〈How come+주어+동사?〉 그녀는 왜 화난 거야?

기출 포인트 4 **부정 부사(구), Only 부사(구)가 문장 맨 앞에 오면 주어와 동사가 도치된다.**

Never do I remember seeing the woman at the conference.
회의에서 그 여자를 봤던 것이 전혀 기억나지 않는다.

Only in her dreams will she meet her ideal man.
그녀는 꿈 속에서나 이상형을 만날 것이다.

▸ 부사(구)를 맨 앞으로 보내는 경우는 그 의미를 강조하기 위해서이며, 이때 주어와 동사가 도치된다.

기출 포인트 5 **대명사가 목적어로 올 때는 〈동사+대명사+부사〉 어순이다.**

My father will pick me up in front of the bank at noon. (o)
My father will pick up me in front of the bank at noon. (x)
아버지가 정오에 은행 앞에서 나를 차로 태워갈 것이다.

cf) He brought up the issue at the meeting. (o) 〈동사+부사+명사〉
   He brought the issue up at the meeting. (o) 〈동사+명사+부사〉
   그는 회의에서 그 안건을 꺼냈다.

▸ 〈동사+부사〉로 이루어진 이어동사가 명사를 목적어로 취할 때는 명사가 부사의 앞 또는 뒤 모두
  올 수 있지만, 대명사를 목적어로 취할 때는 반드시 〈동사+대명사+부사〉 어순이 된다.

대명사가 주어일 경우에는 〈Here[There]+대명사+동사〉 어순이다.

〈Here[There]+동사+주어〉 구문에서 주어가 대명사이면 〈Here[There]+주어+동사〉로 바뀐다.

Here is your tea. (o) **Here** it is. (o) **Here** is it. (x) 여기 차 있어요.

Here comes the boss. (o) **Here** he comes. (o) **Here** comes he. (x)
사장님이 여기로 오고 있어.

There you go. (o) **There** go you. (x) 그렇지요.

cf) 전화상에서 '누가' 있는지 물어볼 때는 〈Is + 누구 + **there?**〉 어순이 됨에 유의한다.

Is Julie **there?** (o) **Is there** Julie? (x) 줄리 있어요?

한정사와 관사의 어순은 한정사에 따라 그 어순이 다르다.

1. 〈all[both/ double/ half]+the+명사〉

I can understand all the contents. 나는 모든 내용을 이해할 수 있다.

cf) Tell me the whole story. 자초지종을 말해 봐.

▶ 〈the+whole+명사〉의 어순에 유의하고, whole 뒤에는 단수 명사가 온다는 것도 알아두자.

2. 〈such[what/ rather/ quite]+a(n)+형용사+명사〉

She was such a dedicated teacher. 그녀는 정말 헌신적인 교사였다.

This is rather a strong coffee. 이것은 상당히 진한 커피이다.

3. 〈so[how/ too/ as]+형용사+a(n)+명사〉

He is so corrupt a politician. 그는 정말 부패한 정치인이다.

She gave us too detailed an account of the procedure.
그녀는 우리에게 절차를 너무나 상세히 설명해 주었다.

enough의 어순은 〈형용사[부사]+enough+to부정사〉이다.

I feel confident enough to do the work. 나는 이 일을 해낼 만큼 충분히 자신이 있다.

She couldn't even hear well enough to hear the alarm clock.
그녀는 심지어 자명종 소리도 못 들을 만큼 잘 듣지 못했다.

※ 괄호 안에서 알맞은 것을 고르세요.

1 Do you know when (□will the meeting start □the meeting will start)?
회의가 언제 시작되는지 아세요?

2 (□What did you say □Did what you say) your job was?
직업이 뭐라고 말씀하셨죠?

3 No sooner (□had he left □he had left) than the baby began to cry.
그가 떠나자마자 아기가 울기 시작했다.

4 Many people skip breakfast. (□So □Neither) do I.
많은 사람들이 아침식사를 거른다. 나도 그렇다.

5 Only in a library (□he could □could he) concentrate on his homework.
도서관에서만 그는 숙제에 집중할 수 있었다.

6 Would you (□drop me off □drop off me) over there?
저쪽 건너편에서 내려주시겠어요?

7 Hello. Is (□the professor there □there the professor)?
여보세요. 교수님 계세요?

8 (□The whole class □Whole the class) fell silent when the teacher came in.
선생님이 안에 들어오자 학급 전체가 조용해졌다.

9 The patient feels (□well enough □enough well) to go for a walk.
환자는 산책을 할 수 있을 만큼 나아졌다.

정답
1. the meeting will start   2. What did you say   3. had he left   4. So   5. could he
6. drop me off   7. the professor there   8. The whole class   9. well enough

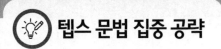

텝스 문법 집중 공략

Part I
Choose the option that best completes each dialogue.

1

A: Who is that knocking at the door?

B: I have no idea _____ .

(a) who it is
(b) it is who
(c) who is it
(d) is who it

2

A: Why didn't you tell me Sam and Elise are getting married?

B: Not until today _____ about it.

(a) I knew
(b) do I know
(c) did I know
(d) knowing I did

3

A: I watched the presidential debate last night.

B: Oh, so _____ .

(a) I did
(b) do I
(c) I do
(d) did I

4

A: Tasha isn't a very nice person.

B: Right, only once _____ to help me with my work.

(a) did she offer
(b) offering her
(c) she offered
(d) did offer

5

A: You're interrupting. Can't you see I'm reading this book?

B: Please _____ and listen to me for a minute.

(a) put it down

(b) put down it

(c) putting it down

(d) putting down it

Part II

Choose the option that best completes each sentence.

6

Not only _____ contain lots of vitamins, but they also help fight off cancer.

(a) green vegetables do

(b) are vegetables green

(c) do green vegetables

(d) vegetables are green

7

The fire fighter was invited to the school to show _____ in the event of a fire.

(a) the children to do what

(b) the children what to do

(c) what the children do to

(d) what to do the children

8

Because the child had made the mess, his parents forced him _____.

(a) to clean up it

(b) it to clean up

(c) up it to clean

(d) to clean it up

9

A reunion is a perfect opportunity for _____ to gather together and have fun in some exotic location.

(a) whole the family
(b) the whole family
(c) family whole
(d) whole family

10

If the renovations to the factory are completed _____, employees can resume their duties by March 1.

(a) quickly enough
(b) quicker enough
(c) enough quickly
(d) enough quick

Part III
Read each dialogue or passage carefully and identify the option that contains a grammatical error.

11

(a) A: Have you seen the vegetable peeler? I can't find it.
(b) B: Here, I was just using it to peel the potatoes.
(c) A: Oh, that's OK. I won't take it from you.
(d) B: No, I'm finished with it. Here goes you.

12

(a) Orcas have been given the name "killer whales" because, unlike other whales, they hunt and kill large prey. (b) In some ocean habitats, seals and sea lions are plentiful enough to serve as the main source of food for orcas. (c) An orca will attack one of these animals by first flinging up it into the air to disable it. (d) Once the prey can no longer fight back, the orca will begin to feed.

03 시제

유형 리뷰 | 동사의 시제에 관한 문제는 매회 2~3문항의 높은 출제 빈도를 보이며, 각 Part에 두루두루 출제된다. 평소에 시제에 자신있는 수험생이라도 Part 3와 같은 긴 지문에 숨어 있으면 체감 난이도가 더욱 높아진다.

 Part III

Point • 단순 시제와 완료 시제의 특징 및 차이
• 시제 일치의 예외
• 진행형으로 쓸 수 없는 경우

Identify the option that contains a grammatical error.

(a) A: Have you seen my glasses?
(b) B: Yes, I've seen them on the table last night.
(c) A: Which table do you mean?
(d) B: The small one near the bed.

문제 풀이법　현재완료는 명확한 과거 시점과는 같이 쓰일 수 없으므로 답은 (b)이다. 과거를 나타내는 시점으로 어젯밤 (last night)이 있으므로 I've seen을 과거 시제 I saw로 바꿔야 한다.

번역　　　(a) 내 안경 봤니?
(b) 응, 어젯밤에 탁자 위에서 봤어.
(c) 어떤 탁자 말인데?
(d) 침대 옆에 작은 탁자 말이야.

빈출 문법 훈련

기출 포인트 1 반복되는 동작이나 사실, 격언, 진리 등은 현재 시제를 쓴다.

My father takes a bath once a week. 아버지는 일주일에 한 번 목욕을 한다.

Breathing exercises lower your blood pressure. 복식 호흡은 혈압을 낮춘다.

Honesty is the best policy. 정직이 최상의 방책이다.

My mother often reads fashion magazines. 어머니는 패션 잡지를 자주 읽으신다.

▶ 빈도부사(always, usually, often, sometimes)는 반복되는 일에 쓰이므로 주로 현재 시제와 쓴다.

기출 포인트 2 과거의 일이나 역사적 사건 등은 과거 시제를 쓴다.

My parents met my girlfriend yesterday. 어제 부모님이 내 여자친구를 만났다.

Shakespeare wrote *Romeo and Juliet* in the late1500s.
셰익스피어는 1500년대 후반에 〈로미오와 줄리엣〉을 썼다.

▶ 과거 시제는 대체로 구체적인 과거의 시점을 나타내는 말과 함께 쓰인다.

기출 포인트 3 과거의 일이 현재까지 영향을 미칠 때는 현재완료를 쓴다.

1. **just, already, yet, so far, until now, to date** 등은 현재완료와 함께 쓰인다.

   I have just finished the work. 나는 그 일을 막 끝냈다.

2. **when, yesterday, last year, ago** 등은 명확한 과거를 나타내므로 현재완료와 쓰지 않는다.

   When ~~have you finished~~ the work? (x) → When did you finish the work? (o)
   너는 언제 그 일을 끝냈니?

3. **since** 뒤에는 구체적인 과거 시점 또는 과거 시제가 오고, 주절에는 현재완료 시제가 온다.

   I have worked for this company since 1996.
   나는 1996년부터 이 회사에서 일해오고 있다.

과거의 어느 시점에서 그 이전의 일은 과거완료를 쓴다.

By 1990 Oprah Winfrey had become a famous talk show host.
1990년 무렵에 오프라 윈프리는 유명한 토크쇼 사회자가 되었다.

When I arrived there, the lady had left.
내가 거기에 도착했을 때, 그 숙녀는 이미 떠났다. → '그녀가 이미 떠나고 없을 때 내가 도착했다'는 의미

cf) When I arrived there, the lady left.
내가 거기에 도착했을 때, 그 숙녀는 떠났다. → '내가 도착한 그 시점에 그녀가 떠났다'는 의미

▶ when이 있는 경우 과거 시제를 쓸 때와 과거완료 시제를 쓸 때는 그 의미가 다르다.

미래의 어느 시점까지 완료될 것이 예상될 때 미래완료를 쓴다.

I will have finished the work by tomorrow. 나는 내일까지는 그 일을 끝마칠 것이다.

By the time we arrive there, the game will have finished.
우리가 그곳에 도착할 무렵이면, 게임은 이미 끝났을 것이다.

▶ 미래완료는 특정한 시점을 나타내는 by 또는 by the time과 함께 자주 쓰인다.

때나 조건을 나타내는 부사절에서는 현재가 미래를 대신한다.

When I graduate from the school, I will go to London to study more.
학교를 졸업하면 공부를 더 하러 런던에 갈 것이다.

If it rains tomorrow, we will cancel the event and stay indoors.
내일 비가 오면 행사를 취소하고 실내에 있을 겁니다.

cf) I'm not sure if she will come to the party tonight.
오늘 밤 파티에 그녀가 올지 잘 모르겠다.

▶ if나 when 등이 때나 조건을 나타내는 부사절에서는 현재 시제가 미래를 대신하지만, 명사절에서 '~인지 아닌지'의 뜻으로 쓰일 경우 미래는 미래 시제를 써야 한다.

By the time my parents get home, I will have finished cleaning the house.
부모님이 집에 돌아오실 때까지는 집안 청소를 끝낼 것이다.

▶ 때나 조건을 나타내는 부사절을 이끄는 접속사는 if나 when 이외에 다음과 같은 것들이 있다.
by the time(~할 무렵에는), every time(~할 때마다), once(일단 ~하면), while(~하는 동안),
the moment(~하는 순간에), as soon as(~하자마자)

제한된 기간 동안만 진행 중인 동작이나 상태는 진행형을 쓴다.

He is standing in front of the vending machine now. 그는 지금 자판기 앞에 서 있다.

My boss is being kind. 사장님은 친절하게 행동하고 있다. → '일시적으로 친절하게 행동한다'는 의미

cf) My boss is kind. 사장님은 친절하다. → '원래 친절하다'는 의미

▶ 항상 지속적으로 나타나는 행동이나 상태는 진행형이 아니라 현재형을 써야 한다.

'상태, 인식, 감각'을 나타내는 동사는 진행형으로 쓸 수 없다.

1. 동사 자체에 '계속'의 의미가 포함되어 있는 '상태/ 감정/ 소유/ 생각/ 인식'을 나타내는 동사

   resemble, differ, like, love, hate, have, belong, know, want, think, doubt, recognize 등

   My sister is differing from me. (x) → My sister differs from me. (o)
   언니는 나와 다르다.

   I'm having a house in London. (x) → I have a house in London. (o)
   나는 런던에 집이 있다.

   cf) They are having a good time after school. 그들은 방과 후에 즐거운 시간을 보내고 있다.

   ▶ have가 '소유'가 아닌 '시간을 보내다 / 먹다' 등의 동작을 나타낼 때는 진행형을 쓸 수 있다.

   I'm thinking Steve Jobs is a genius. (x) → I think Steve Jobs is a genius. (o)
   나는 스티브 잡스가 천재라고 생각한다.

   cf) I'm thinking of adopting a baby. 나는 아기를 입양할까 고민 중이다.

   ▶ '일반적인 생각'은 현재 시제를 쓰지만, '일시적인 생각(~생각 중이다)'은 진행형을 쓸 수 있다.

2. 무의식적인 감각을 나타내는 '보이다/ 들리다/ 냄새 나다/ 맛이 나다/ 느껴지다'의 지각동사

   see, hear, sound, smell, taste, feel 등

   I'm hearing a sudden scream. (x) → I hear a sudden scream. (o)
   갑작스러운 비명 소리가 들린다. → '저절로 들려온다'라는 의미

   cf) I'm listening carefully to the instructions.
   나는 지시 사항을 주의 깊게 듣고 있다. → '의식적으로 듣고 있다'라는 의미

   ▶ 지각동사라 하더라도 '의식적인 노력'이 들어간 동작을 나타낼 때는 진행형을 쓸 수 있다.

※ 괄호 안에서 알맞은 것을 고르세요.

1 My boss (☐has died ☐died) last night due to his high blood pressure.
   직장 상사가 어젯밤에 고혈압 때문에 죽었다.

2 My grandmother usually (☐takes ☐took) a nap in the afternoon.
   할머니는 오후에 대개 낮잠을 주무신다.

3 The manager (☐has worked ☐worked) for the company for 10 years.
   매니저는 회사에 재직한 지 10년 되었다.

4 By midnight I (☐finished ☐had finished) writing my résumé.
   자정 무렵에 이력서 쓰는 것을 이미 끝내 놓았다.

5 When she (☐comes ☐will come) back home, we will hold a great party.
   그녀가 집에 돌아오면, 우리는 성대한 파티를 열 것이다.

6 By next year, we will (☐ lived ☐have lived) in Busan for five years.
   내년이면 우리는 부산에 산 지 5년이 될 것이다.

7 My brother (☐is drawing ☐draws) a picture in the park now.
   오빠는 지금 공원에서 그림을 그리고 있다.

8 I (☐am resembling ☐resemble) my mother closely.
   나는 엄마를 많이 닮았다.

9 This pizza (☐is tasting ☐tastes) too salty.
   이 피자는 너무 짠맛이 난다.

정답	1. died	2. takes	3. has worked	4. had finished	5. comes
	6. have lived	7. is drawing	8. resemble	9. tastes	

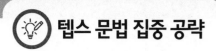

텝스 문법 집중 공략

Part I
Choose the option that best completes each dialogue.

1

A: Do you go to the movies often?

B: Yes, I usually _____ at least one a month.

(a) see
(b) saw
(c) had seen
(d) am seeing

2

A: Are you a long-term employee?

B: I _____ at the company for twelve years.

(a) have worked
(b) am working
(c) worked
(d) work

3

A: I wonder if Richard will drop the class.

B: Apparently, he _____ it.

(a) considers
(b) is considering
(c) has been considered
(d) will have considered

4

A: What did you do over the weekend?

B: My friend and I _____ the art museum.

(a) visit
(b) visited
(c) will visit
(d) had visited

5

A: Did you see Tiffany in New York?

B: No, when I arrived, she _____ .

(a) is leaving

(b) had left

(c) leaves

(d) left

Part II

Choose the option that best completes each sentence.

6

Discussion of the immigration bill will resume when the Senate _____ again next Monday.

(a) will have met

(b) was meeting

(c) will meet

(d) meets

7

All dogs, regardless of the breed, _____ ear canals that are shaped differently from those of humans.

(a) had

(b) have

(c) will have

(d) are having

8

By the third year of the Civil War, the Confederate Army _____ its momentum.

(a) had been losing

(b) has been lost

(c) had lost

(d) lose

9

By the time the tardy students make it to the classroom, the professor _____ his lecture.

(a) concludes
(b) concluded
(c) will conclude
(d) will have concluded

10

Police say that they _____ more crime reports this month than they received last month.

(a) will have received
(b) had received
(c) are receiving
(d) receive

Part III
Read each dialogue or passage carefully and identify the option that contains a grammatical error.

11

(a) A: Ken, you look worried. What's the matter?
(b) B: I was just realizing I forgot my paper at home.
(c) A: The one for Professor Kaplan's class?
(d) B: Yes, and it's due this afternoon.

12

(a) The Dead Sea has always been fed from the waters of the Jordan River and spring runoff from the nearby mountains. (b) Now, however, the river's flow has been reduced by farmers upstream who use it for irrigation. (c) Moreover, water is being pumped out of the sea daily by companies that extract its minerals. (d) The result is that, by the year 2060, the Dead Sea will disappear completely.

0**4** 수의 일치

유형 리뷰 | 수의 일치는 매회 1~2문항의 출제 빈도를 보이며, TEPS 문법 영역의 모든 Part에서 고르게 출제된다. 주로 주어와 동사의 수의 일치를 묻는 문제가 출제되므로 문장에서 주어가 단수인지 복수인지를 먼저 확인하는 것이 관건이다.

 Part II

Point
- each나 every처럼 항상 단수 동사를 쓰는 경우
- 수식어구가 주어와 동사 사이에 오는 경우
- both A and B처럼 항상 복수 동사를 쓰는 경우

Choose the option that best completes the sentence.

Every man and woman _____ to live a happy life.

(a) want → Every man and woman을 복수 취급하여 고르기 쉬운 함정

(b) wants → every는 and로 연결되더라도 단수 취급하므로 정답

(c) wanting → 진행형인데 be동사가 없음

(d) is wanting → 상태동사는 진행형으로 쓰지 않음

문제 풀이법   every로 시작되는 주어는 항상 단수 동사를 쓴다는 것이 포인트이다. every는 and로 연결되더라도 항상 단수 취급한다. 따라서 정답은 (b)이다. Every man and woman에서 and로 연결되어 하나 이상이고, 해석상 '모든 남녀'이기 때문에 자칫 복수 취급하기 쉬우므로 유의한다.

번역   모든 남녀는 행복한 삶을 살기 원한다.

빈출 문법 훈련

기출 포인트 1 each나 every로 시작되는 주어는 항상 단수 취급한다.

<u>Each</u> of the topic areas <u>was</u> thoroughly examined and discussed.
각 주제 영역이 철저하게 검토되고 논의되었다.

<u>Every</u> man and woman <u>wants</u> love and care.   모든 남녀는 사랑과 관심을 원한다.

▶ each나 every로 시작되는 주어는 and로 연결되더라도 항상 단수 동사를 쓴다.

기출 포인트 2 '시간, 거리, 무게, 가격' 등의 기준 단위는 항상 단수 취급한다.

<u>One week</u> is too short for me to finish the work.
1주일은 내가 그 일을 끝마치기에는 너무 짧다.

<u>A hundred miles</u> away from here is too far.
여기에서 100마일 떨어져 있는 것은 너무 멀다.

<u>Three hundred dollars</u> is not enough for a week's salary.
주급으로 300달러는 충분하지 않다.

기출 포인트 3 주어와 동사 사이에 수식어구가 있을 때 특히 유의한다.

1. 관계대명사가 이끄는 절을 묶으면 문장 전체의 주어와 동사가 명확해진다.

<u>The students</u> [who watched the game] <u>were</u> all disappointed at the results.
　　　　　주어　　　　　관계대명사절 수식어구　　　　　동사

경기를 관람했던 학생들은 모두 그 결과에 실망했다.

2. 주어를 수식하는 전치사구를 묶으면 주어의 수가 단수인지 복수인지 쉽게 알 수 있다.

<u>The man</u> [in front of them] <u>is</u> a famous basketball player.
　　주어　　　　전치사구 수식어구　　　동사

그들 앞에 있는 남자는 유명한 농구선수이다.

▶ 주어와 동사 사이에 관계대명사절이나 전치사구가 있을 때는 수식어구로서 주어를 수식하는 것이다. 따라서 관계대명사절과 전치사구를 괄호로 묶으면 주어와 동사를 파악함은 물론 문장 전체 구조도 쉽게 파악할 수 있다.

복수형의 '과목, 지명, 제목, 상호명'은 항상 단수 동사를 쓴다.

1. -s로 끝나는 과목명(politics, mathematics, linguistics, statistics 등)은 단수 동사를 쓴다.

   Statistics is my least favorite subject. 통계학은 내가 가장 싫어하는 과목이다.

   cf) The statistics announced by the government are drawn from accurate data. 정부가 발표한 통계 자료는 정확한 데이터로 만들어졌다.

   ▸ statistics가 '통계학'이 아닌 '통계 자료, 통계 수치, 통계표' 등을 나타낼 때는 복수 동사를 쓴다.

2. 복수 형태의 지명 the Netherlands(네덜란드), the Philippines(필리핀) 등은 단수 동사를 쓴다.

   The United States is seeking a solution to overcome the economic crisis.
   미국은 경제 위기를 극복하기 위한 해법을 모색하고 있다.

3. 책이나 영화, 노래 등의 제목은 단수 동사를 쓴다.

   Romeo and Juliet is a tragedy written by Shakespeare.
   〈로미오와 줄리엣〉은 셰익스피어가 쓴 비극이다.

4. 회사나 가게 등의 상호 이름은 and로 연결되었더라도 단수 동사를 쓴다.

   Marks and Spencer was founded in 1884 by Michael Marks and Thomas Spencer in Leeds.
   막스 앤 스펜서(M&S)는 1884년 마이클 막스와 토마스 스펜서에 의해 리즈에서 창립되었다.

The number of, Many a가 주어이면 항상 단수 동사를 쓴다.

The number of wild animals is rapidly declining. 야생동물의 수가 급감하고 있다.

▸ The number of는 '~의 수'라는 뜻으로 of 뒤에는 복수 명사가 오지만, 항상 단수 동사를 쓴다.

cf) A number of students want to enroll in the language institute.
많은 학생들이 그 어학원에 등록하고 싶어 한다.

▸ A number of는 '많은'이라는 뜻으로 of 뒤에는 복수 명사가 오고, 동사도 복수형을 취한다.

Many a woman has strived to promote women's rights.
많은 여성이 여권 신장을 위해 노력해 왔다.

▸ Many a는 '많은'의 뜻이지만 뒤에는 단수 명사가 오고, 동사도 항상 단수 동사를 쓴다.
위의 문장은 〈Many+복수 명사+복수 동사〉로 다음과 같이 바꿔 쓸 수 있다.

→ Many women have strived to promote women's rights.

〈both A and B〉, 〈the+형용사〉가 주어이면 항상 복수 동사를 쓴다.

Both she and her mother are interested in classical music.
그녀와 그녀의 엄마 둘 다 클래식 음악에 관심이 많다.
▶ both A and B는 'A와 B 둘 다'라는 뜻으로 항상 복수 동사가 따른다.

The poor have been neglected in our society for a long time.
가난한 사람들은 우리 사회에서 오랫동안 소외되어 왔다.
▶ 〈the+형용사 = 복수 명사〉는 '~한 사람들'이라는 의미로서 항상 복수 동사를 취한다.

뒤에 오는 명사에 따라 수가 달라지는 경우에 특히 유의한다.

1. the rest of, half of, most of, some of, part of, 분수 등 전체 중 일부를 나타내는 말은
   of 뒤의 명사가 단수인지 복수인지에 따라 단수 동사와 복수 동사를 결정한다.

The rest of the money is my younger brother's.
돈의 나머지는 남동생의 것이다.

Half of the students were absent because of the accident.
학생의 절반은 그 사고로 결석했다.

Most of the food was kept in the kimchi refrigerator.
음식의 대부분은 김치 냉장고에 보관되었다.

Some of his friends were not invited to the party.
그의 친구 몇 명은 파티에 초대받지 못했다.

2. either A or B, neither A nor B, not only A but also B는 항상 B에 동사의 수를 일치시킨다.

Either Japan or the United States is responsible for the accident.
일본이나 미국 둘 중의 하나가 이 사건에 책임이 있다.

Neither I nor my husband likes go shopping.
나와 내 남편 모두 쇼핑하러 가는 것을 좋아하지 않는다.

Not only my sister but also my parents wear glasses.
내 여동생뿐만 아니라 부모님도 안경을 쓰신다.

▶ 'A뿐만 아니라 B도'라는 뜻의 not only A but also B는 B as well as A로 바꿔 쓸 수 있으며, 두 경우 모두
B에 동사를 일치시킨다. 따라서 위 문장은 다음과 같이 바꿔 쓸 수 있다.

→ My parents as well as my sister wear glasses.

텝스 문법 기본 훈련

※ 괄호 안에서 알맞은 것을 고르세요.

1 The ice cream which I bought yesterday (☐is ☐are) in the freezer.
내가 어제 샀던 아이스크림이 냉동실에 있다.

2 Every table and chair (☐has ☐have) to be replaced.
모든 탁자와 의자는 교체되어야 한다.

3 Six hundred dollars a month (☐is ☐are) not a lot of money.
한 달에 600달러는 많은 돈이 아니다.

4 Politics (☐was ☐were) the most popular subject in the past.
정치학은 과거에 가장 인기 있는 과목이었다.

5 A number of people (☐was ☐were) injured in the accident.
그 사고로 많은 사람들이 다쳤다.

6 Many a company (☐is ☐are) planning to recruit new employees.
많은 회사가 신입사원을 뽑을 예정이다.

7 The unemployed (☐wants ☐want) to get their jobs back.
실업자들은 직업을 되찾기를 원한다.

8 Some of the players (☐was ☐were) badly injured in the game.
선수들 몇 명이 경기에서 심하게 부상당했다.

9 The CEO as well as the employees (☐are ☐is) for the proposal.
직원들뿐만 아니라 CEO도 그 제안에 찬성한다.

정답   1. is   2. has   3. is   4. was   5. were

        6. is   7. want   8. were   9. is

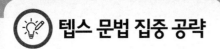

텝스 문법 집중 공략

1

A: How was your group job interview?
B: The man who interviewed us _____ really nice.

(a) was
(b) am
(c) are
(d) were

2

A: This dinner is going to be great.
B: Yes, each of the courses _____ delicious.

(a) was looking
(b) looking
(c) looks
(d) look

3

A: How far do you run each day?
B: I find that four miles _____ just right.

(a) are feeling
(b) is feeling
(c) feels
(d) feel

4

A: Can you recommend a good book?
B: John Steinbeck's *Of Mice and Men* _____ a great read.

(a) has
(b) were
(c) are
(d) is

5

A: Are you bringing anyone to the party?

B: Both Matt and Keith _____ going to come with me.

(a) is

(b) are

(c) to be

(d) have to

Part II

Choose the option that best completes each sentence.

6

The wildlife protection group says that the number of Pacific sharks _____ to drop.

(a) were continuing

(b) are continuing

(c) continues

(d) continue

7

The fans in attendance at the baseball game _____ very surprised by the final score.

(a) was

(b) were

(c) is being

(d) are being

8

Most of the high school _____ off limits to students due to extensive renovation projects.

(a) are remaining

(b) was remained

(c) remains

(d) remain

9

Many a visitor to the Galapagos Islands _____ returned with a new appreciation for nature.

(a) were having
(b) are having
(c) have
(d) has

10

According to some politicians, the rich _____ to pay more in taxes than they do currently.

(a) were needing
(b) is needed
(c) needs
(d) need

Part III
Read each dialogue or passage carefully and identify the option that contains a grammatical error.

11

(a) A: Why did you throw out the tomatoes?
(b) B: There were a few starting to turn bad.
(c) A: Yes, but the rest of them was still good.
(d) B: I guess I shouldn't have acted so quickly.

12

(a) Many people can develop travel problems because their airplanes either arrive late or cannot depart on time. (b) It is a common problem which is only getting worse for travelers at airports around the world. (c) A major cause for delays are weather, such as fog, thunderstorms, or icy conditions that make runways slippery. (d) It is unfortunate that weather creates about 70% of delays at airports but there is no solution for it.

05 능동태 & 수동태

유형 리뷰 | 능동태와 수동태는 매회 1~2문항이 꾸준히 출제된다. 수동태로의 전환 문제뿐만 아니라 시제와 태가 결합된 형태의 고난도 문제가 주로 출제되는 경향을 보인다.

 Part II

> **Point**
> • 두 가지 형태의 수동태가 가능한 동사
> • 수동태를 쓸 수 없는 동사
> • 사역동사/ 지각동사/ 동사구의 수동태 전환
> • 시제 및 조동사와 결합된 형태의 수동태

Choose the option that best completes the sentence.

It is believed _____ for some hard times.

(a) the world economy to be headed
(b) for the world economy to be headed
(c) that the world economy is headed → 〈It is believed that+완전한 문장〉이므로 정답
(d) that the world economy heading → that절 안에 동사가 없으므로 오답

문제 풀이법   believe, think, say, know, suppose, expect, consider 등의 동사는 두 종류의 수동태가 가능하다. 원래의 능동태 문장은 People believe that the world economy is headed for some hard times이다. 문제에서는 가주어 It을 주어로 한 수동태(It is believed that)를 묻고 있으므로 that절을 그대로 쓴 (c)가 정답이다. 또한 that절 안의 주어를 수동태의 주어로 해서 다음과 같은 수동태를 만들 수도 있다.

→ The world economy is believed to be headed for some hard times.

번역   앞으로 세계 경제가 어려워질 것이라고 여겨진다.

기출 포인트 1 두 가지 형태의 수동태가 가능한 동사에 유의하라.

believe, think, say, know, suppose, expect, consider 등은 두 종류의 수동태가 가능하다.

The Chinese believe that eight is a lucky number.
중국 사람들은 8이 행운의 숫자라고 생각한다.

→ It is believed that **eight is a lucky number by the Chinese.**
〈가주어 It을 주어로 하는 경우〉

▶ 가주어 It을 수동태의 주어로 하는 경우에 뒤의 that절은 그대로 써준다.

→ **Eight** is believed to be **a lucky number by the Chinese.**
〈that절의 주어를 주어로 하는 경우〉

▶ that절의 주어를 수동태의 주어로 하는 경우 that절의 동사는 to부정사로 쓴다.

기출 포인트 2 목적어를 갖는 타동사이지만 수동형을 쓸 수 없는 동사가 있다.

His father is resembled by him. (x) → **He** resembles **his father. (o)**
그는 아버지를 닮았다.

Experience is lacked by the employee. (x)
→ **The employee** lacks **experience. (o)** 그 직원은 경험이 부족하다.

▶ resemble, lack, have, cost, suit 등은 목적어를 취하는 타동사이지만 수동형을 쓰지 않는다.

기출 포인트 3 자동사는 수동형을 쓸 수 없다.

What was happened to your house? (x)
→ **What** happened **to your house? (o)** 집에 무슨 일이 있었던 거야?

The confidential documents on the table were disappeared. (x)
→ **The confidential documents on the table** disappeared. **(o)**
탁자 위에 있던 기밀 서류가 사라졌다.

The tragic accident was occurred at noon. (x)
→ **The tragic accident** occurred **at noon. (o)** 비극적인 사고는 정오에 일어났다.

▶ happen, appear, disappear, occur 등은 자동사로만 쓰이므로 수동형을 쓸 수 없다.

사역동사와 지각동사의 수동태 전환은 to부정사를 쓴다.

My mother made me wash the dishes. 〈사역동사+목적어+동사원형〉
엄마가 나에게 설거지하라고 시키셨다.

→ I was made to wash the dishes by my mother. 〈사역동사의 수동: 동사원형 → to부정사〉

I felt the entire building shake. 〈지각동사+목적어+동사원형〉
나는 건물 전체가 흔들리는 것을 느꼈다.

→ The entire building was felt to shake. 〈지각동사의 수동: 동사원형 → to부정사〉

▶ 사역동사나 지각동사가 있는 문장을 수동태로 바꿀 때에는 원래의 문장에서 목적격 보어로 쓰인 동사원형을 to부정사로 바꿔줘야 한다.

동사구는 하나의 타동사로 취급하여 수동태를 만든다.

My husband takes care of our children. 〈동사구: take care of ~을 돌보다〉
남편이 아이들을 돌본다.

→ Our children are taken care of by my husband. 〈수동: be동사+taken care of〉

The man always speaks ill of his boss. 〈동사구: speak ill of ~을 헐뜯다〉
남자는 사장에 대해 항상 나쁜 말만 한다.

→ His boss is always spoken ill of by the man. 〈수동: be동사+spoken ill of〉

→ His boss is always ill spoken of by the man.

▶ ill이 부사이기 때문에 과거분사(spoken) 앞에 나와 be ill spoken of의 형태로 쓰이기도 한다.

다양한 시제 및 조동사가 결합된 수동태 형태에 유의한다.

The newspaper was published once a week at that time.
그 당시에는 신문이 일주일에 한 번 발행되었다. 〈과거 수동: was[were]+p.p.〉

▶ 수동태 시제는 be동사의 시제로 현재/ 과거/ 미래를 표시한다.

The refrigerator is being repaired by my uncle.
냉장고가 삼촌에 의해 수리되고 있다. 〈진행 수동: be동사+being+p.p.〉

Her book has been translated into six languages.
그녀의 책은 6개 언어로 번역되었다. 〈현재완료 수동: have[has]+been+p.p.〉

▶ 완료형 수동태는 have 동사의 시제로 현재(have/ has)/ 과거(had)/ 미래(will have)를 표시한다.

What can be done to improve living conditions there?
그곳의 생활 조건을 개선하기 위해서는 무엇이 행해질 수 있을까? 〈조동사의 수동: 조동사+be+p.p.〉

▶ can, could, may, might, will, would, should, must 등의 조동사가 수동태와 함께 쓰이면
〈조동사+be+p.p.〉의 형태를 취한다.

목적어가 두 개인 수여동사의 수동태 전환은 다음과 같다.

The company promised the union higher wages.
회사는 노조에게 임금 인상을 약속했다.

→ The union was promised higher wages by the company.
〈간접목적어를 주어로 하는 경우〉

→ Higher wages were promised to the union by the company.
〈직접목적어를 주어를 하는 경우〉

▶ 이러한 유형의 동사는 promise, give, teach, tell, send, offer, show, lend 등이 있다.

The professor bought me two books.
교수님이 나에게 책을 두 권 사주셨다.

→ Two books were bought for me by the professor.
〈직접목적어를 주어로 하는 경우만 가능〉

→ I was bought two books by the professor. (x)
〈간접목적어를 주어로 할 수 없음에 유의〉

▶ 이러한 유형의 동사는 buy, make, get, bring, find, do, choose, cook 등이 있다.

형태는 능동이지만 수동의 의미를 갖는 동사에 유의한다.

Bananas peel easily. (o) 바나나는 껍질이 잘 벗겨진다.

Their new products sell well. (o) 그들의 신상품은 잘 팔린다.

Oil is sold by the barrel. (o) 〈'단위당 팔리다'는 수동형이 가능하다〉 오일은 배럴 단위로 팔린다.

▶ 이러한 유형의 동사는 peel, sell, clean, open, compare, read(~라고 쓰여 있다) 등이 있다.

by 이외의 전치사를 쓰는 수동태는 숙어처럼 암기하라.

I am satisfied with my husband's appearance. 나는 남편의 외모에 만족한다.

Everybody was surprised at the big news. 그 중대한 뉴스를 듣고 다들 놀랐다.

My sister is married to a British man. 내 여동생은 영국 남자와 결혼해서 살고 있다.

Her father-in-law was wounded in the Vietnam War.
그녀의 시아버지는 베트남전에서 부상당했다.

▶ be covered with(~로 덮여 있다), be disappointed at(~에 실망하다), be known for(~로 유명하다),
be delighted at(~을 기뻐하다), be interested in(~에 관심이 있다) 등도 알아둔다.

※ 괄호 안에서 알맞은 것을 고르세요.

1 The shopping mall (□is built □is being built) by our company now.
쇼핑몰은 지금 우리 회사에 의해 지어지고 있다.

2 My aunt (□resembles □is resembled) my grandmother closely.
이모는 할머니를 많이 닮았다.

3 A strange object (□appeared □was appeared) at the window.
이상한 물체가 창가에 나타났다.

4 I was made (□stay □to stay) indoors all afternoon by my parents.
부모님은 오후 내내 나를 집에 있게 했다.

5 The issue will be (□dealt □dealt with) by the committee.
안건은 위원회에 의해 처리될 것이다.

6 The President (□thinks □is thought) to be lying.
사람들은 대통령이 거짓말을 하고 있다고 생각한다.

7 This dictionary (□was bought to □was bought for) my nephew.
이 사전은 내 조카를 위해 구매되었다.

8 His book (□sells □is sold) well.
그의 책은 잘 팔린다.

9 Many people are only interested (□by □in) making money.
많은 사람들이 돈 버는 것에만 관심이 있다.

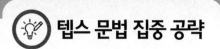

텝스 문법 집중 공략

Part I
Choose the option that best completes each dialogue.

1

A: Has the mail come yet?

B: It _____ about an hour ago.

(a) delivered
(b) is delivering
(c) was delivered
(d) was being delivered

2

A: This plate is broken in two.

B: I have no idea how that _____.

(a) was happened
(b) will happen
(c) happened
(d) happen

3

A: How did Carl's mother punish him?

B: He was made _____ the lawn for three months.

(a) mow
(b) mown
(c) to mow
(d) mowing

4

A: I'm so glad the computer virus is gone.

B: Right, it _____ with by our IT team.

(a) deals
(b) has dealt
(c) was dealt
(d) would be dealt

5

A: Your club seems to be very popular.

B: Yes, the number of new members _____ rising.

(a) keeps

(b) are kept

(c) is being kept

(d) was keeping

Part II

Choose the option that best completes each sentence.

6

A morning cup of coffee _____ a necessity by millions of people around the world.

(a) considers

(b) considering

(c) is considered

(d) has considered

7

The metal platinum _____ for being able to withstand high temperatures without melting.

(a) knew

(b) knows

(c) is known

(d) was being known

8

Tasty Brand peanut butter _____ smoothly on bread and guarantees great taste in every bite.

(a) spreads

(b) is spread

(c) was spreading

(d) will be spread

9

Something _____ to ensure that employees feel safe and comfortable in the workplace.

(a) would do
(b) must be done
(c) could be doing
(d) should have done

10

For miles around, the ground _____ to shake for several minutes leading up to the volcanic eruption.

(a) has been felt
(b) could feel
(c) was felt
(d) has felt

Part III
Read each dialogue or passage carefully and identify the option that contains a grammatical error.

11

(a) A: This hat was given to me by my uncle.
(b) B: You're really suited by it, in my opinion.
(c) A: It doesn't look too fancy for me?
(d) B: Not at all. Your uncle has good taste.

12

(a) The history of the ancient Maya civilization of southern Mexico and Central America is something of a mystery. (b) The area may have been settled by the Maya as early as 1800 BC, and for centuries they constructed huge cities of stone in the jungle. (c) However, by the 8th or 9th century AD, much of their empire was disappeared. (d) Archaeologists are still trying to learn what caused the collapse of the Mayan civilization.

UNIT

06 부정사 & 동명사

유형 리뷰 | 부정사와 동명사는 매회 1~2문항의 출제 빈도를 보인다. 주로 부정사 · 동명사 · 둘 다를 목적어로 취하는 동사가 나오거나 부정사와 동명사를 목적어로 취할 경우 각각의 의미 차이 등이 출제된다.

 Part II

> **Point**
> • 부정사만 · 동명사만 · 둘 다를 목적어로 취하는 동사
> • 부정사와 동명사를 취할 경우 의미 차이
> • 부정사와 동명사의 완료 시제/ 의미상 주어/ 부정어 위치

Choose the option that best completes the sentence.

The student forgot _____ his laptop again.

(a) bring
(b) bringing　　　→ '가져온 것을 잊다' forgot 뒤의 동명사는 '과거'를 나타내므로 부적절
(c) to bring　　　→ '가져올 것을 잊다' forgot 뒤의 부정사는 '미래'를 나타내므로 정답
(d) having brought

문제 풀이법　forget은 목적어로 동명사와 부정사를 취할 때 그 의미가 달라지는 동사이다. 동명사가 오면 과거의 일을 나타내어 '~했던 것을 잊다'가 되고, 부정사가 오면 미래의 일을 나타내어 '~할 것을 잊다'가 된다. 문맥상 '노트북 가져오는 것을 깜박 잊다'라고 해야 적절하므로 정답은 (c)이다.

번역　그 학생은 노트북 가져오는 것을 또 깜박 잊었다.

기출 포인트 1 부정사만 목적어로 취하는 동사를 기억하자.

He finally decided to run for mayor. 마침내 그는 시장 선거에 출마하기로 결정했다.

The new employee refused to work overtime. 신입 사원은 초과 근무를 거부했다.

▸ 부정사만 취하는 동사: decide, refuse, want, ask, expect, promise, plan, agree, pretend 등

기출 포인트 2 동명사만 목적어로 취하는 동사를 기억하자.

The student denied stealing the automobile. 그 학생은 차량을 훔친 것을 부인했다.

He suggested taking a ten-minute break. 그는 10분간 휴식을 갖자고 제안했다.

▸ 동명사만 취하는 동사: deny, suggest, keep, mind, enjoy, consider, finish, practice, avoid 등

기출 포인트 3 부정사와 동명사 둘 다 취할 수 있는 동사를 기억하자.

My mother loves to listen / listening to classical music.
어머니는 클래식 음악 듣는 것을 무척 좋아하신다.

I prefer to live / living in a small town. 나는 소도시에 사는 것을 더 좋아한다.

▸ 부정사와 동명사 둘 다 취하는 동사: love, prefer, begin, start, continue, like, hate 등

기출 포인트 4 부정사와 동명사에 따라 뜻이 달라지는 동사에 유의하라.

1. **remember, forget, regret** 뒤에 부정사가 오면 '미래', 동명사가 오면 '과거의 일'을 나타낸다.

Please remember to visit the company this afternoon.
잊지 말고 오늘 오후에 회사를 방문해 주십시오. 〈remember + to부정사: 앞으로 할 일을 기억하다〉

I remember visiting the company last year.
나는 작년에 그 회사를 방문했던 것을 기억하고 있다. 〈remember -ing: 과거에 한 일을 기억하다〉

2. **try** 뒤에 부정사가 오면 '의식적인 노력', 동명사가 오면 '시도'를 나타낸다.

The teacher tried to persuade him, but he wouldn't listen.
교사는 그를 설득하려고 애썼지만 그는 들으려고 하지 않았다. 〈try + to부정사: ~하려고 애쓰다〉

I want to try going on a diet this winter. 〈try -ing: 가볍게 시도해보다〉
올 겨울에는 다이어트를 해볼까 해.

부정사나 동명사의 완료형은 한 시제 이전을 나타낸다.

My nephew seems to have read many books. 〈완료형 부정사: to have+p.p.〉
내 조카는 책을 많이 읽은 것 같다. → '과거에 책을 많이 읽었던 것처럼 지금 그렇게 보인다'는 의미

I regret having spent so much money on drinking. 〈완료형 동명사: having+p.p.〉
술 마시느라 그 많은 돈을 다 써버린 것이 후회스럽다. → '과거에 술 마시느라 돈을 다 썼던 것을 지금 후회한다'는 의미

▸ 완료형 부정사와 완료형 동명사는 본동사의 시제보다 한 시제 앞선 사실을 표현할 때 사용한다.

부정사와 동명사의 부정은 부정어를 바로 앞에 쓴다.

I made up my mind not to drink too much. 나는 술을 너무 많이 마시지 않기로 결심했다.

He still regrets not having accepted the job offer then.
그는 그때 일자리 제안을 수락하지 않았던 것을 아직도 후회한다.

부정사와 동명사의 의미상 주어는 다음과 같이 나타낸다.

1. 부정사의 의미상 주어는 〈for+목적격〉이 일반적이지만, 사람의 성격 등 주관적인 평가를 나타내는 형용사가 올 때는 〈of+목적격〉으로 표시한다.

It is very important for parents to spend more time with their children.
부모가 자녀와 함께 많은 시간을 보내는 것은 아주 중요하다.

▸ 〈for+목적격〉을 취하는 형용사: important, essential, necessary, common, easy, difficult 등

It is very kind of you to help me with moving these boxes.
박스 옮기는 것을 도와주시다니 참 친절하시군요.

▸ 〈of+목적격〉을 취하는 형용사: kind, nice, good, generous, foolish, rude, cruel, clever 등

2. 동명사의 의미상 주어는 대체로 소유격이나 목적격을 동명사 바로 앞에 써서 표시한다.

Would you mind my[me] opening the window?
제가 창문을 열어도 괜찮겠습니까?

His parents denied his committing the crime.
그의 부모는 그가 범행을 저질렀음을 부인했다.

▸ 동명사의 의미상 주어로 주로 소유격을 취하는 동사: deny, enjoy, suggest, avoid 등

부정사와 어울리는 어구는 하나의 숙어처럼 암기하라.

I was about to give **you a call then.** 〈be about to+동사원형: 막 ~하려고 하다〉
그때 막 너에게 전화하려던 참이었다.

Teenagers **are likely to be** addicted to the game. 〈be likely to+동사원형: ~하기 쉽다〉
십대들은 게임에 중독되기 쉽다.

He **can't afford to buy** such an expensive car. 〈can't afford to+동사원형: ~할 여유가 없다〉
그는 그렇게 비싼 차를 살 형편이 안 된다.

아래 어구의 to는 전치사로서 동명사를 취함에 유의하라.

The union objects to going **on strike for higher wages.** 〈object to -ing: ~에 반대하다〉
노조는 임금 인상을 위한 파업에 돌입하는 것을 반대한다.

What do you say to taking **a rest today?** 〈what do you say to -ing?: ~하는 게 어때?〉
오늘은 좀 쉬는 게 어때?

I am used to studying **over 12 hours a day.** 〈be used to -ing: ~에 익숙하다〉
나는 하루에 12시간 이상 공부하는 것에 익숙하다.

He is looking forward to seeing **you again.** 〈look forward to -ing: ~을 고대하다〉
그는 너를 다시 만나기를 고대한다.

He devoted himself to taking **care of his family.** 〈devote oneself to -ing: ~에 헌신하다〉
그는 가족을 돌보는 데 헌신했다.

I bought a house with a view to living **together with a friend.**
나는 친구와 함께 살 목적으로 집을 샀다. 〈with a view to -ing: ~할 의도로〉

동명사의 관용적 표현은 덩어리로 암기해두면 유용하다.

I feel like getting **a foot massage.** 〈feel like -ing: ~하고 싶다〉
발 마사지 받고 싶다.

This movie is worth watching **again.** 〈be worth -ing: ~할 가치가 있다〉
이 영화는 다시 볼 가치가 있다.

It is no use persuading **him not to quit the job.** 〈it's no use -ing: ~해도 소용없다〉
그에게 직장을 그만두지 말라고 설득해 봐야 소용없는 일이다.

We could not help laughing **at the joke.** 〈can't help -ing: ~하지 않을 수 없다〉
우리는 그 농담에 웃지 않을 수 없었다.

I plan to go hiking **with my parents this weekend.** 〈go -ing: ~하러 가다〉
나는 이번 주말에 부모님과 하이킹 갈 생각이다.

※ 괄호 안에서 알맞은 것을 고르세요.

1 My wife seems (☐to be ☐to have been) rich before.
내 아내는 예전에는 부자였던 것 같다.

2 I'm sorry for (☐replying not ☐not replying) to you earlier.
좀 더 일찍 답장을 드리지 못해서 죄송합니다.

3 It is easy (☐for me ☐of me) to complete the task.
내가 그 일을 완수하는 것은 쉽다.

4 The student promised not (☐to lie ☐lying) again.
그 학생은 다시는 거짓말하지 않겠다고 약속했다.

5 I'm considering (☐to change ☐changing) careers.
진로를 바꾸는 것을 생각 중이다.

6 My father sometimes forgets (☐to turn ☐turning) off the lights.
아버지는 가끔 전등 끄는 것을 깜박 잊으신다.

7 We can't afford to (☐invest ☐investing) in that business right now.
지금 당장은 사업에 투자할 여유가 없다.

8 What do you say to (☐consult ☐consulting) a doctor?
의사의 진찰을 받아보는 게 어때?

9 I couldn't help (☐to fall ☐falling) in love with the guy at first sight.
첫눈에 나는 그와 사랑에 빠지지 않을 수 없었다.

정답	1. to have been	2. not replying	3. for me	4. to lie	5. changing
	6. to turn	7. invest	8. consulting	9. falling	

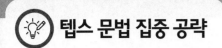

텝스 문법 집중 공략

Choose the option that best completes each dialogue.

1

A: Is the storm still coming this way?

B: No, it appears _____ direction.

(a) changing
(b) to change
(c) having changed
(d) to have changed

2

A: Where are your new shoes?

B: Oh, I decided not _____ those.

(a) to be bought
(b) buying
(c) bought
(d) to buy

3

A: Let me give you a hand with that.

B: I really appreciate your _____ me.

(a) of helping
(b) helping
(c) to help
(d) help

4

A: Why didn't you text me back?

B: I was in the car, and it's _____ while driving.

(a) me unsafe to text
(b) for me to text unsafe
(c) to text unsafe for me
(d) unsafe for me to text

5

A: The professor wants to talk to you after class.

B: OK, I don't mind _____ late.

(a) to stay

(b) staying

(c) by staying

(d) to have stayed

Part II

Choose the option that best completes each sentence.

6

Europeans did not start _____ house cats as pets in large numbers until the 18th century.

(a) keeping

(b) to be kept

(c) to have kept

(d) having kept

7

According to his lawyer, the defendant claims that he cannot remember _____ the crime.

(a) to commit

(b) committing

(c) being committed

(d) to be committed

8

Children whose parents went to college are more likely _____ to college themselves.

(a) to go

(b) going

(c) be going

(d) for going

9

People may have negative opinions of immigrants because they are used to _____ bad stories about them on the news.

(a) hear
(b) hearing
(c) be heard
(d) have heard

10

Diets can be difficult but are worth _____ if you are serious about losing weight and staying fit.

(a) undertake
(b) undertaking
(c) to undertake
(d) undertaken

Part III
Read each dialogue or passage carefully and identify the option that contains a grammatical error.

11

(a) A: It looks like you're packed and ready to go.
(b) B: Yes, I expect my taxi will be here any minute.
(c) A: Well, I hope you have a wonderful trip.
(d) B: Thanks. Don't forget feeding the cats.

12

(a) Helen Keller was 19 months old when she caught an illness that left her deaf and blind. (b) Though it was very difficult for her to learn to communicate with the world, she succeeded with the help of a special teacher. (c) For most of her life, she dedicated herself to fight for equal rights for women and an end to war. (d) By the time she died in 1968, she had become a household name.

07 분사

유형 리뷰 | 분사는 매회 2~3문항이 출제된다. 현재분사와 과거분사를 묻는 문제, 분사구문 문제가 고루 출제된다.

 Part I

Point
- 현재분사는 '능동', 과거분사는 '수동'의 의미
- 보어로 쓰인 현재분사와 과거분사의 의미상 차이
- 분사구문의 다양한 형태 및 비인칭 독립 분사구문

Choose the option that best completes the dialogue.
A: So did you enjoy the musical?
B: Well, I found it _____.

(a) bore
(b) to bore
(c) bored → 뮤지컬이 지루함을 느낀다는 '감정'의 의미가 되어 오답
(d) boring → 뮤지컬이 지루하다는 '속성'을 나타내므로 정답

문제 풀이법   사람이나 사물의 '속성'을 나타낼 때는 현재분사, '감정'을 나타낼 때는 과거분사를 쓴다. 목적어인 it(뮤지컬)
이 사람을 지루하게 한다는 '능동'의 의미이므로 (d) boring(현재분사)이 정답이다. 〈find+목적어+목적격 보
어〉에서 목적어와 목적격 보어의 관계가 '능동'이면 현재분사, '수동'이면 과거분사를 쓴다는 것을 알아 두자.

번역   A: 뮤지컬은 재미있었니?
B: 글쎄, 난 지루하던데.

기출 포인트 1 현재분사는 '능동', 과거분사는 '수동'의 의미를 나타낸다.

An increasing number of people are using mobile payment services.
점점 많은 사람들이 모바일 결제 서비스를 사용하고 있다.

An estimated 500 workers joined the strike.
500명으로 추정되는 노동자들이 파업에 가담했다.

▶ 분사는 동사에 -ing(현재분사)나 -ed(과거분사)를 붙여 형용사처럼 명사를 수식하거나 보어 역할을 한다.
수식하는 명사와의 관계가 의미상 능동이면 현재분사를, 수동이면 과거분사를 쓴다.

기출 포인트 2 명사가 감정을 느끼게 할 때는 현재분사를, 명사가 감정을 느낄 때는 과거분사를 쓴다.

The program was so boring that I fell asleep.
프로그램이 너무 지루해서 나는 잠들어 버렸다.

cf) The man was boring, but well-mannered. 남자는 따분했지만 예의 바른 사람이었다.

▶ 대개 사물이 주어이면 현재분사, 사람이 주어이면 과거분사를 쓰지만, 사람이 주어라도 속성을 나타내는
경우는 현재분사를 쓴다.

We are pleased to accept your invitation. 〈사람의 감정: 과거분사〉
당신의 초대에 응하게 되어 기쁩니다.

▶ 〈현재분사(능동)/ 과거분사(수동)〉 형태로 시험에 자주 출제되는 단어: boring/ bored, pleasing/ pleased,
exciting/ excited, interesting/ interested, surprising/ surprised, amazing/ amazed, confusing/
confused, satisfying/ satisfied

기출 포인트 3 목적격 보어가 현재분사면 '능동', 과거분사면 '수동'의 의미를 가진다.

1. 〈find [keep/ leave/ catch]+목적어+현재분사[과거분사]〉 구문에서 목적어와 목적격 보어의
의미상 관계가 능동이면 현재분사, 수동이면 과거분사를 쓴다.

I found her mystery novel interesting. 〈find+목적어+현재분사: 능동〉
나는 그녀의 추리 소설이 흥미진진하다고 느꼈다.

You had better leave those things unsaid. 〈leave+목적어+과거분사: 수동〉
그런 것들은 언급되지 않은 채로 남겨두는 게 낫다.

2. 〈want [expect/ like]+목적어+과거분사〉 구문은 목적어와 목적격 보어의 의미상 관계가 수동이다.

I expect the work completed by next month. 〈expect+목적어+과거분사: 수동〉
나는 그 일이 다음 달까지는 완료되기를 기대한다.

cf) I expect him to complete the work by next month. 〈expect+목적어+to부정사: 능동〉
나는 그가 다음 달까지 작업을 완료해줄 것으로 기대한다.

▶ 목적어와 목적격 보어가 의미상 능동이면 〈want [expect/ like]+목적어+to부정사〉 구문을 쓴다.

기출 포인트 4 〈사역동사+목적어+과거분사〉 구문은 '수동'의 의미를 나타낸다.

1. 〈사역동사+목적어+과거분사〉 구문은 '목적어가 ~당하다'라는 '수동'의 의미이다.

I had my passport picture taken after work. 〈have+목적어+과거분사: 수동〉
나는 퇴근 후에 여권 사진을 찍었다.

My wife got her hair cut short. 〈get+목적어+과거분사: 수동〉
내 아내는 머리를 짧게 잘랐다.

▶ 위와 같은 구문을 취하는 사역동사: make, let, have, get 등

2. 〈사역동사+목적어+동사원형〉 구문은 '목적어가 ~하도록 시키다'라는 '능동'의 의미이다.

The magician made the woman disappear. 〈make+목적어+동사원형: 능동〉
마술사는 여자를 사라지게 했다.

cf) I got the technician to fix the viruses on my computer.
나는 기술자를 시켜서 내 컴퓨터의 바이러스를 치료하도록 했다. 〈get+목적어+to부정사: 능동〉

▶ 사역동사 get은 목적어 다음에 목적격 보어로 to부정사를 써서 능동의 의미를 나타낼 수 있다.

기출 포인트 5 〈지각동사+목적어+분사〉 구문에서 현재분사가 오면 '능동', 과거분사가 오면 '수동'의 의미를 나타낸다.

1. 〈지각동사+목적어+현재분사〉 구문은 목적어와 목적격 보어의 관계가 의미상 '능동'임을 나타내며, 이 경우 현재분사 대신 동사원형을 쓸 수 있다.

I saw her husband running[run] away from the scene.
나는 그녀의 남편이 사고 현장에서 달려 나오는 것을 봤다. 〈see+목적어+현재분사[동사원형]: 능동〉

2. 〈지각동사+목적어+과거분사〉 구문은 목적어와 목적격 보어의 관계가 의미상 '수동'임을 나타낸다.

The actor heard his name called at the award ceremony.
배우는 시상식에서 자신의 이름이 불리는 것을 들었다. 〈hear+목적어+과거분사: 수동〉

▶ 지각동사의 종류: observe, see, watch, look at, notice, hear, listen to, feel 등

기출 포인트 6 〈with+명사+현재분사〉는 능동, 〈with+명사+과거분사〉는 수동이다.

My mother went for a walk with her dog following her.
어머니는 개가 뒤따르는 상태로 산책을 나가셨다.

I usually sit on a chair with my legs crossed.
나는 대개 다리를 꼬고 의자에 앉는다.

분사구문은 부사절의 접속사와 주어를 없애고 -ing로 바꾼다.

1. 주절과 부사절의 주어가 같을 경우, 접속사와 주어를 없애고 -ing형태의 분사구문으로 바꾼다.

When I <u>arrived</u> there, I <u>found</u> them gone. 〈부사절과 주절의 주어가 같음〉

→ Arriving there, I found them gone. 그곳에 도착해서 그들이 가버리고 없다는 것을 알았다.

As I <u>am</u> unemployed, I <u>can't afford</u> to buy a new camera. 〈부사절과 주절의 주어가 같음〉

→ (Being) Unemployed, I can't afford to buy a new camera.
실직 상태이기 때문에 나는 새로 나온 카메라를 살 수 없다.

▶ 분사구문이 Being/ Having been으로 시작될 경우, Being/ Having been은 생략할 수 있다.

After they <u>had ended</u> the strike, they <u>returned</u> to work.

→ Having ended the strike, they returned to work.
파업을 끝낸 후에 그들은 업무로 복귀했다.

▶ 완료분사구문(Having+p.p.)은 분사구문의 내용이 주절보다 먼저 일어났음을 나타낸다.

2. 주절의 주어와 부사절의 주어가 다를 경우에는 분사구문 앞에 주어를 명시해 준다.

As the escalator stopped working, we had to use the stairs.
〈부사절과 주절의 주어가 다름〉

→ The escalator stopping working, we had to use the stairs.
에스컬레이터가 작동을 멈췄기 때문에 우리는 계단을 이용해야 했다.

3. 부사절에 〈there[it]+be동사〉가 있을 경우 분사구문은 〈There[It]+being〉으로 시작한다.

Because there was no one around, I ran the red light.

→ There being no one around, I ran the red light.
주변에 아무도 없었기 때문에 나는 신호 위반을 했다.

4. 분사구문의 부정은 부정어(Not, Never)를 분사 바로 앞에 둔다.

As I didn't know the meaning of the word, I looked it up in the dictionary.

→ Not knowing the meaning of the word, I looked it up in the dictionary.
단어의 뜻을 몰랐기 때문에 사전을 찾아봤다.

부사절의 주어가 일반인이면 주절의 주어와 달라도 생략한다.

If we judge from what she said, the situation is favorable for us.

→ Judging from what she said, the situation is favorable for us.
그녀의 말로 판단하건대 상황은 우리에게 유리하다. 〈judging from ~로 판단하건대〉

▶ 부사절의 일반인 주어가 생략되어 관용 표현처럼 쓰이는 분사구문을 '비인칭 독립 분사구문'이라고 한다.
speaking of(~에 관해 말한다면), roughly speaking(대략적으로 말해서), generally speaking(일반적으로 말해서), strictly speaking(엄밀히 말해서), considering that(~을 감안한다면)

※ 괄호 안에서 알맞은 것을 고르세요.

1   The new employee presented a (☐surprising ☐surprised) report.
신입사원은 놀랄 만한 보고를 했다.

2   The professor seemed (☐confusing ☐confused) at the unexpected question.
교수는 예기치 못한 질문에 당황한 것 같았다.

3   My grandmother left the door (☐unlocking ☐unlocked) by mistake.
할머니는 실수로 문을 잠그지 않았다.

4   We stepped back and let the players (☐pass ☐passed).
우리는 뒤로 물러서서 선수들이 지나갈 수 있게 해주었다.

5   I felt something (☐crawling ☐crawled) up my left leg.
나는 뭔가가 내 왼쪽 다리로 기어오르는 것을 느꼈다.

6   Your daughter is standing there with tears (☐run ☐running) down her face.
당신 딸이 눈물을 흘리면서 저쪽에 서 있어요.

7   (☐Finished ☐Having finished) the task, she took a day off.
업무를 끝낸 후에 그녀는 하루 휴가를 냈다.

8   (☐Being there ☐There being) no tickets available, we couldn't see the show.
표가 없어서 우리는 공연을 못 봤다.

9   (☐Considering ☐Considered) that it is used, his car is all right.
중고차치고는, 그의 차는 괜찮은 편이다.

정답   1. surprising   2. confused   3. unlocked   4. pass   5. crawling
6. running   7. Having finished   8. There being   9. Considering

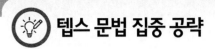

텝스 문법 집중 공략

Choose the option that best completes each dialogue.

1

A: How did you like the documentary on flowers?
B: I thought it was very _____.

(a) interested
(b) of interest
(c) interesting
(d) interests

2

A: Aren't you worried about burglars?
B: No, I always leave the door _____.

(a) unlocked
(b) unlock it
(c) unlocking
(d) to unlock

3

A: You should answer your phone.
B: Oh, it's not important. I'll let it _____.

(a) has rung
(b) ringing
(c) ring
(d) rung

4

A: How long do I have to teach Suzy our procedures?
B: I'd like her to be fully _____ by the end of the month.

(a) to train
(b) trained
(c) training
(d) to training

텝스 문법 집중 공략

5

A: Did you see they're offering a genetics class?

B: Yes, I noticed it _____ in the course catalog.

(a) had listed

(b) listing

(c) listed

(d) lists

Part II
Choose the option that best completes each sentence.

6

_____ the risks, many Americans chose not to get a flu shot this year.

(a) Not having to understand

(b) Having understood not

(c) Not understanding

(d) Not to understand

7

Experts expect the world population _____ eight billion sometime during the next decade.

(a) to surpass   (b) surpassed

(c) surpassing   (d) is surpassing

8

After hours of intense arguing, the lawyer _____ that his client was innocent of the charges.

(a) got the judge to agree

(b) agreed to get the judge

(c) and judge got agreed

(d) got to agree the judge

9

The professor's explanation of the chemistry problem made the students more

_____.

(a) confuse
(b) confused
(c) confusing
(d) to confuse

10

There _____ no obvious escape from the police, the criminal had no choice but to give himself up.

(a) having been
(b) was being
(c) had been
(d) being

Part III
Read each dialogue or passage carefully and identify the option that contains a grammatical error.

11

(a) A: James, are you all right? I heard you screaming.
(b) B: Yes, it was nothing. Please don't worry about it.
(c) A: That's a relief, but won't you tell me what happened?
(d) B: I thought that I felt something crawled on my arm.

12

(a) You may be surprised to learn that the koala bear is not a bear at all. (b) Its name comes from the word gula in the Dharuk language, an Aboriginal tongue of Australia. (c) They had never seen a gula before, early European settlers called the animal a bear for its physical resemblance to Western bears. (d) In actuality, the koala is a marsupial and is the last species of its kind in the world.

UNIT

08 관계사

유형 리뷰 | 관계사는 관계대명사와 관계부사, 복합관계사를 아우르는 개념이지만, 주로 관계대명사가 출제된다. 1~2문항의 출제 빈도를 보이며. 간혹 관계부사와 복합관계사가 출제되기도 한다.

  Part II

Point • 관계대명사(who, which, that, what)의 기본 용법
• 선행사가 구나 절인 경우와 관계사의 계속적 용법
• 〈전치사+관계대명사〉 용법과 관계부사

Choose the option that best completes the sentence.

The train arrived half an hour late, _____ annoyed them all very much.

(a) who → 선행사가 사람인 경우만 가능
(b) which → 선행사가 절이고 계속적 용법이므로 정답
(c) that → 계속적 용법으로 쓸 수 없고 선행사가 절이므로 오답
(d) what → 선행사를 자체적으로 포함한 관계대명사이므로 오답

문제 풀이법   선행사가 앞 문장 전체이고 계속적 용법으로 쓰였으므로 관계대명사 (b) which가 정답이다.

번역   기차가 30분 늦게 도착해서 그들 모두는 짜증이 났다.

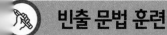

빈출 문법 훈련

관계대명사는 〈관계대명사 = 접속사 + 대명사(선행사)〉의 관계가 성립한다.

1. 관계대명사의 선행사에 따라 who(사람), which(사물/ 동물), that(사람/ 사물/ 동물)을 선택한다.

He is the writer who[that] received the Nobel Literature Prize.
그는 노벨문학상을 받은 작가야. 〈who/ that = the writer〉

Could you recommend books which[that] are good for students?
학생들에게 유익한 책을 추천해 주시겠어요? 〈which/ that = books〉

2. 관계대명사절 안에서 선행사의 역할에 따라 관계대명사의 격(주격/ 목적격/ 소유격)이 정해진다.

Jordan is a country which[that] has many tourist attractions.
요르단은 관광 명소가 많은 나라이다. 〈which(주격): has의 주어〉

She is a friend (whom) I can trust with any secrets.
그녀는 내가 어떤 비밀이든 믿고 털어놓을 수 있는 친구이다. 〈whom(목적격): trust의 목적어〉

▶ 목적격 관계대명사는 생략이 가능하다. 또한 목적격 관계대명사 whom은 who로 바꿔 쓸 수 있다.

He is one of the artists whose works embodied Expressionism.
그는 표현주의 사조를 자신의 작품에 구현했던 예술가 중 한 명이다. 〈whose(소유격): works 수식〉

▶ 관계대명사의 소유격은 선행사에 따라 whose(사람/ 사물), of which(사물)를 쓸 수 있다.

3. 관계대명사절 안에 삽입절이 있을 때 주격 관계대명사는 생략할 수 있다.

My brother met a woman (who) I thought was a radical feminist.
남동생은 내가 급진적이라고 생각한 여성 운동가를 만났다. 〈I thought: 삽입절〉

▶ 관계사절의 삽입절에 주로 쓰이는 동사: think, believe, suppose, imagine, be sure, guess 등

관계대명사 which는 앞 문장 전체나 일부를 선행사로 받을 수 있다.

1. 계속적 용법으로 쓰인 관계대명사 which는 단어나 구, 문장 전체를 선행사로 받는다.

The company, which I had worked for, went bankrupt.
내가 예전에 다녔던 회사가 부도났다.

My boss said he attended the seminar, which was a lie.
상사가 세미나에 참석했다고 말한 것은 거짓말이었다.

2. 계속적 용법의 which가 명사 바로 앞에 쓰이면 관계형용사로서 명사를 수식한다.

I may miss the bus, in which case I'll take a taxi.
버스를 놓칠지도 모르겠는데 그럴 경우에는 택시를 탈게.

기출 포인트 3 관계대명사 that은 선행사를 강하게 한정하는 어구가 있을 때 쓴다.

1. 선행사에 the+최상급, the+서수, the very, the only, the same 등 그 의미를 강하게 한정하는 수식어구가 붙어 있을 경우 관계대명사 that을 쓴다.

   This is the very research topic that I have been looking for.
   이것이 내가 찾던 바로 그 연구 주제이다.

2. 선행사에 no, little, a few, any, some, much, every, all 등이 붙거나 -thing, -body, -one으로 끝나는 대명사가 선행사일 경우 관계대명사 that을 우선하여 쓴다.

   There is no rule that covers every case. 모든 경우에 다 들어맞는 규칙은 없다.

3. 관계대명사 that은 계속적 용법으로 쓸 수 없고, 〈전치사 + that〉의 형태로도 쓸 수 없다.

   The couple adopted a child, that (→ who) became a millionaire businessman. 부부는 아이를 입양했는데, 아이가 백만장자 사업가가 되었다.

   The highway on that (→ on which) the traffic accident occurred is dangerous. 교통 사고가 일어났던 그 고속도로는 위험하다.

   cf) The highway that the traffic accident occurred on is dangerous.

   ▶ 선행사가 전치사의 목적어인 경우 〈전치사+whom/which〉는 가능하지만, 관계대명사 who, that은 앞에 전치사를 쓸 수 없다.

기출 포인트 4 관계대명사 what (= the thing which)은 선행사를 포함한다.

1. 관계대명사 what은 선행사를 내포하고 있으므로 선행사가 따로 필요 없다.

   That's exactly what (=the thing which) I meant to say.
   그게 바로 내가 말하려고 한 것이다.

2. what 바로 다음에 명사가 오면 관계형용사로서 뒤의 명사를 수식하고 '모든 ~'으로 해석한다.

   My sister lent her boyfriend what money she had.
   내 여동생은 자신의 남자친구에게 그녀가 가진 모든 돈을 빌려줬다.

3. 〈what is+비교급 (더 ~한 것은)〉처럼 관용 표현은 숙어처럼 알아두면 유용하다.

   My alarm didn't go off, and what was worse, my car broke down.
   알람이 울리지 않았는데, 설상가상으로 차까지 고장 났다.

   ▶ what is more(게다가), what is better(금상첨화로), what makes the matter worse(설상가상으로), what is called/ what we call(소위), A is to B what C is to D(A와 B의 관계는 C와 D의 관계와 같다), what I am(현재의 나), what he was(과거의 그)

관계부사는 〈관계부사 = 전치사 + 관계대명사〉 관계가 성립한다.

1. 관계부사에는 시간(**when**), 장소(**where**), 이유(**why**), 방법(**how**) 등이 있다.

The city where my husband works is by the Mediterranean Sea.
내 남편이 근무하는 도시는 지중해 근처에 있다. 〈where = in which〉

The reason why they objected to the proposal was obvious.
그들이 제안에 반대했던 이유는 분명했다. 〈why = for which〉

That's the way how she came up with the brilliant idea. 〈how = in which〉
그녀는 바로 그런 식으로 기발한 생각을 떠올렸다.

cf) That's how all the people are communicating these days.
요즘에는 모든 사람들이 바로 그런 식으로 의사소통을 한다.

▸ 선행사가 방법(the way)일 때 the way how로는 쓸 수 없고, the way나 how 하나만 쓴다.

2. 관계부사의 계속적 용법은 **when**과 **where**만 가능하며, 〈접속사+부사〉로 고칠 수 있다.

I handed in my term paper at two, when it was too late.
나는 학기말 리포트를 두 시에 제출했는데 그때는 이미 너무 늦었다. 〈, when = and then〉

We went shopping at a department store, where we had lunch.
우리는 쇼핑하러 백화점에 가서 그곳에서 점심을 먹었다. 〈, where = and there〉

복합관계사는 관계대명사와 관계부사에 −ever를 붙여서 만든다.

1. 형태는 〈관계대명사 + **-ever** = 복합관계대명사〉 〈관계부사 + **-ever** = 복합관계부사〉이고,
'정해지지 않은 것(〜하는 누구든지/ 무엇이든지/ 언제든지 등)'의 의미를 나타낸다.

I'll take whoever wants to attend the conference.
나는 회의에 참석하기를 원하는 사람은 누구나 다 데려갈 것이다. 〈whoever = anyone who〉

He ends up fighting with his son whenever he meets him.
그는 아들을 만날 때마다 결국은 싸운다. 〈whenever = at any time when〉

2. 복합관계사는 양보(누가 〜을 하더라도/ 무엇을 〜하더라도/ 언제 〜하더라도/ 아무리 〜하더라도)의
의미를 나타낸다.

Whatever you do, do it right. 〈whatever = no matter what〉
무엇을 하든 제대로 해라.

However well paid, she took no pleasure in her job. 〈however = no matter how〉
아무리 월급이 많아도 그녀는 일에서 아무런 즐거움을 느끼지 못했다.

※   괄호 안에서 알맞은 것을 고르세요.

1   The computer (☐whom ☐which) I bought last month broke down again.
내가 지난달에 산 컴퓨터가 또 고장 났다.

2   That's the woman (☐who ☐whose) husband made such a fuss last night.
저 사람이 어젯밤 한바탕 소란을 피웠던 남편을 가진 여자이다.

3   The factory, (☐that ☐which) we visited, had the most cutting-edge facilities.
우리가 방문했던 공장은 최신 설비를 갖추고 있었다.

4   This is the hottest weather (☐which ☐that) I've ever experienced.
이런 무더위는 처음 겪어본다.

5   The management promised to raise wages, (☐which ☐that) was a complete lie.
회사측은 임금 인상을 약속했지만, 그것은 순 거짓말이었다.

6   My parents tried to give us (☐who ☐what) we wanted to have.
부모님은 우리가 갖고 싶어 했던 것들을 주려고 애쓰셨다.

7   There are times (☐when ☐which) I feel like breaking out of my daily routine.
때때로 일상에서 벗어나고 싶을 때가 있다.

8   The way (☐how ☐in which) he dealt with the problem was ingenious.
그가 문제를 해결하는 방식은 기발했다.

9   Give these tickets to (☐whomever ☐whoever) would like to come to the concert.
콘서트에 오고 싶어 하는 사람 누구에게라도 이 티켓을 줘라.

정답   1. which   2. whose   3. which   4. that   5. which
        6. what   7. when   8. in which   9. whoever

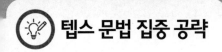

텝스 문법 집중 공략

Part I
Choose the option that best completes each dialogue.

1

A: Have I met Jane before?

B: Yes, she's the one _____ works on Wall Street.

(a) who
(b) whose
(c) of whom
(d) to whom

2

A: You might not get accepted to Harvard.

B: No, _____ I'll go to Brown.

(a) in which case
(b) any of which
(c) whichever
(d) in that

3

A: Is Gertrude still afraid of flying?

B: Yes, she gets quite nervous _____.

(a) whenever travels
(b) traveling whenever
(c) whenever she travels
(d) she travels whenever

4

A: Remind me who Clifton Thomas is.

B: He's the writer _____ plays are now becoming popular.

(a) who
(b) whose
(c) whichever
(d) whatever

5

A: This barbecued pork is delicious, isn't it?

B: Yes, this is totally different _____ back in the States.

(a) what we eat from

(b) from we eat

(c) eating what from

(d) from what we eat

Part II

Choose the option that best completes each sentence.

6

The senator claimed that he had been at the fundraiser, _____ clearly was not true.

(a) that

(b) whom

(c) which

(d) of which

7

The members of the cult followed orders from _____ they believed had communicated with God.

(a) the man which

(b) whom the man

(c) when the man

(d) the man who

8

There is no land animal living today _____ can match the speed of the cheetah.

(a) what

(b) that

(c) which

(d) whom

9

The family was forced to spend _____ little they had on an expensive medical treatment for their youngest child.

(a) that
(b) whose
(c) what
(d) which

10

Roman gladiators fought matches in the Colosseum, _____ as many as 50,000 spectators cheered them on.

(a) of whom
(b) in what
(c) where
(d) that

Part III
Read each dialogue or passage carefully and identify the option that contains a grammatical error.

11

(a) A: I haven't decided whether to report the crime to the police.
(b) B: But why not? You could help them catch the criminal.
(c) A: On the other hand, I might be putting myself in danger.
(d) B: However you do, I'll support you.

12

(a) The pecan is the state tree of Texas, where it can grow easily without much care.
(b) That said, pecan trees can pose a few problems to the people who live near them.
(c) For one thing, the pollen that they release in the springtime causes severe allergies in some people. (d) And in the fall, many trees release droplets of sticky pollen, with which completely covers everything beneath them.

09 조동사 & 가정법

유형 리뷰 | 조동사는 매회 1문항의 출제 빈도를 보인다. 한편, 가정법은 매회 1~2문항의 비율로 출제된다.

Part I

Point • 조동사의 종류별 의미와 관용 표현
• 가정법의 기본 시제 및 혼합 가정법
• 가정법이 포함되어 있는 특수구문

Choose the option that best completes the dialogue.

A: I can't decide whether to accept the job offer or not.
B: If I were in your shoes, _____ the offer.

(a) I would take   → 가정법 과거의 주절에는 〈조동사의 과거형+동사원형〉이 오므로 정답
(b) I had taken
(c) I would have taken   → 가정법 과거완료의 주절이므로 오답
(d) I wll take

문제 풀이법 If절의 동사가 were이므로 가정법 과거임을 알 수 있다. 가정법 과거의 형태는 〈If+주어+과거 동사, 주어+조동사의 과거형+동사원형〉이므로, 주절은 I would take가 되어야 한다. 따라서 (a)가 정답이다.

번역 A: 일자리 제안을 받아들일지 말지 결정을 못하겠어.
B: 내가 네 입장이라면 받아들일 거야.

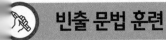

빈출 문법 훈련

기출 포인트 1 과거 사실에 대한 추측이나 유감은 〈조동사+have+p.p.〉이다.

1. 과거 사실에 대한 추측은 〈must/ can't/ may + have + p.p.〉로 나타낸다.

Something must have happened **to them.** 〈must have p.p. ~했음에 틀림없다〉
그들에게 무슨 일이 생긴 것이 틀림없다.

The meeting can't have started **at 2 p.m. sharp.** 〈can't have p.p. ~했을 리가 없다〉
회의가 오후 2시 정각에 시작했을 리가 없다.

Her daughter may have committed **the crime.** 〈may have p.p. ~했을지도 모른다〉
그녀의 딸이 범행을 저질렀을지도 모른다.

2. 과거 사실에 대한 유감이나 비난은 〈should + have + p.p.〉로 나타낸다.

I should have read **the detailed instructions in the manual.**
나는 설명서에 나온 자세한 사용법을 읽었어야 했다. 〈should have p.p. ~했어야 했다〉

You should not have underestimated **their ability.**
너는 그들의 능력을 과소평가하지 말았어야 했다. 〈should not have p.p. ~하지 않았어야 했다〉

기출 포인트 2 need는 의문문과 부정문에서 조동사로 사용될 수 있다.

Need I send this parcel by express mail? 〈조동사 need+동사원형〉
소포를 속달로 보낼 필요가 있을까요?

cf) **Do I** need to consult **a doctor very soon?** 〈본동사 need to+동사원형〉
빠른 시일 내에 진찰을 받아야 할까요?

▸ need는 본동사로서 need 다음에 to부정사를 쓴다.

You needn't worry **about that at all.** 〈조동사 need의 부정: need not+동사원형〉
그것에 대해 전혀 걱정할 필요가 없다.

기출 포인트 3 had better(~하는 게 좋다)의 부정은 had better not이다.

She had better tell **her husband the truth.** 〈had better+동사원형: ~하는 게 좋다〉
그녀는 남편에게 사실대로 말하는 게 좋을 거다.

You had better not go **out today.** 〈had better not+동사원형: ~하지 않는 게 좋다〉
너는 오늘은 외출하지 않는 게 좋겠다.

▸ had better는 강한 충고, 경고, 위협, 명령 등의 의미가 내포되어 있다.

〈may[might] well+동사원형〉과 〈may[might] as well+동사원형〉을 구별하라.

1. 〈may[might] well + 동사원형〉은 '~하는 것은 당연하다, ~할 가능성이 충분하다'라는 의미이다.

   The manager may well get angry with us. 〈may well ~하는 것도 당연하다〉
   매니저가 우리에게 화내는 것도 당연하다.

   The new marketing strategy may well work. 〈may well 충분히 ~할 가능성이 있다〉
   새로운 마케팅 전략은 충분히 성공할 가능성이 있다.

2. 〈may[might] as well + 동사원형〉은 '~하는 편이 더 낫다'라는 의미이다.

   I'm too tired, so I may as well take a day off. 〈may as well ~하는 편이 더 낫다〉
   너무 피곤하니 하루 쉬는 편이 더 낫겠다.

기출 포인트 **5** 가정법 과거와 가정법 과거완료의 형태와 의미는 다르다.

1. 가정법 과거: 현재 사실의 반대 상황을 가정 〈If+주어+과거 동사, 주어+조동사의 과거형+동사원형〉

   If I stayed with you, I could help you with your assignment.
   너와 함께 있다면 네 숙제를 도와줄 텐데.

   If I were in your shoes, I would reject the offer. 내가 너라면 그 제안을 거절할 텐데.

   ▶ If절의 동사가 be동사일 경우 인칭이나 수에 상관없이 were를 쓴다는 것에 유의한다.

2. 가정법 과거완료: 과거 사실의 반대를 가정 〈If+주어+had+p.p., 주어+조동사의 과거형+have+p.p.〉

   If he had given us some tips, we could have done it easily.
   그가 우리에게 약간의 요령을 알려주었더라면, 우리는 그것을 쉽게 할 수 있었을 텐데.

기출 포인트 **6** 과거의 사실이 현재까지 영향을 미칠 경우에는 '혼합 가정법'을 쓴다.

   If you had told him the truth in the first place, he would stay here now.
   네가 그에게 처음부터 사실대로 말했더라면 그는 지금 여기에 있을 텐데.

   If I had not talked back to the boss, I would be currently employed.
   사장한테 대들지만 않았어도 나는 지금 근무하고 있을 텐데.

   ▶ 혼합 가정법의 조건절은 가정법 과거완료(과거에 ~했더라면)를 쓰고, 주절은 가정법 과거(지금 ~할 텐데)를 쓴다.
     형태는 〈If+주어+had+p.p., 주어+조동사의 과거형+동사원형〉이다.

기출 포인트 7 〈If it were not for/ If it had not been for〉 = 〈Without/ But for〉이다.

If it were not for **your assistance, I** couldn't do **that.**
너의 도움이 없다면 나는 그 일을 할 수 없다. 〈If it were not for: 가정법 과거〉

= Without/ But for **your assistance, I** couldn't do **that.**
　　〈If it were not for = Without/ But for〉

= Were it not for **your assistance, I** couldn't do **that.**
　　〈If it were not for에서 If를 생략하면 도치됨〉

If it had not been for **my parents, I** would have given **up a long time ago.**
부모님이 안 계셨다면 저는 오래 전에 포기했을 거예요.

▶ If it were not for(~이 없다면), If it had not been for(~이 없었다면)는 각각 가정법 과거[과거완료]
시제를 나타내며, If를 생략하면 주어와 동사가 도치되어 Were it not for, Had it not been for가 되고,
둘 다 Without, But for로 고칠 수 있다.

기출 포인트 8 〈It is (high/ about) time+주어+과거 동사〉는 가정법 과거를 나타낸다.

It's time **we** completed **the work.** 일을 마무리해야 할 때다.
〈It's time 가정법은 뒤에 과거형 동사가 온다〉

= It's time **we** should complete **the work.**
〈It's time+주어+과거 동사 → It's time+주어+should+동사원형〉

It's **high** time **you** replaced **the filter in the water purifier.**
정수기 필터를 교체할 때이다.

▶ time 앞에 about, high 등을 써도 같은 뜻이며, '~해야 할 때, ~해도 좋을 때'로 해석한다.

기출 포인트 9 〈I wish+가정법 과거/ 과거완료〉와 〈as if+가정법 과거/ 과거완료〉

I wish **the team manager** were **more considerate.** 〈I wish+가정법 과거: ~라면 좋을 텐데〉
팀장님이 좀 더 배려심이 있으면 좋을 텐데.

I wish **he** had attended **the conference.** 〈I wish+가정법 과거완료: ~했더라면 좋을 텐데〉
그가 회의에 참석했더라면 좋을 텐데.

cf) If only (= I wish) **we had paid off our debts.** 〈If only는 소망의 뜻이 더 강함〉
　　우리가 빚을 다 청산했더라면 얼마나 좋을까.

My parents treat me **as if I** were **a child.** 〈as if+가정법 과거: 마치 ~인 것처럼〉
부모님은 마치 내가 어린 아이인 것처럼 대하신다.

The new employee felt **as if she** had worked **for the company for years.**
그 신입사원은 마치 자신이 그 회사에서 수년 동안 일했던 것처럼 느꼈다. 〈as if+가정법 과거완료: 마치 ~였던 것처럼〉

※ 괄호 안에서 알맞은 것을 고르세요.

1 She (☐could have met ☐should have met) the deadline this time.
그녀는 이번에는 마감일을 지켰어야 했다.

2 We (☐need to not feel ☐need not feel) ashamed of making mistakes.
우리는 실수를 부끄러워할 필요는 없다.

3 You (☐had not better tell ☐had better not tell) your parents about this.
이 일에 대해서 네 부모님께 말하지 않는 게 좋을 거다.

4 The woman (☐may well ☐might as well) want to quit the job.
그 여자가 직장을 그만두고 싶어 하는 건 당연하다.

5 If she had asked me, I (☐could lend ☐could have lent) her some money.
나한테 부탁했더라면 그녀에게 돈을 좀 빌려줄 수 있었을 텐데.

6 If I had taken her advice, I (☐would be ☐would have been) healthy now.
내가 그녀의 충고를 받아들였더라면 지금은 건강할 텐데.

7 (☐Had it not been for ☐Were it not for) your support, I might have gone broke.
당신의 원조가 없었다면, 저는 파산했을지도 몰라요.

8 It's about time they (☐settle down ☐settled down).
그들도 이제 정착할 때가 되었다.

9 I wish you (☐took ☐had taken) the doctor's advice then.
그때 네가 의사의 조언을 들었더라면 얼마나 좋을까.

정답   1. should have met   2. need not feel   3. had better not tell   4. may well   5. could have lent
6. would be   7. Had it not been for   8. settled down   9. had taken

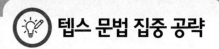

텝스 문법 집중 공략

1

A: Let's go for a walk this evening.
B: According to the forecast, it _____ then.

(a) may rain
(b) must rain
(c) may have rained
(d) must have rained

2

A: I'm really sorry I lost your hat.
B: Oh, you _____ worry about that.

(a) have not
(b) need not
(c) would not
(d) used to not

3

A: Kyle still hasn't given you your book back?
B: He _____ it last week.

(a) would return
(b) ought to return
(c) should have returned
(d) must have been returned

4

A: I already booked a hotel room for us.
B: In that case, I _____ better not book another.

(a) could
(b) do
(c) had
(d) need

5

A: What do you think of the new marketing strategy?

B: It _____ well help in increasing our sales.

(a) does

(b) dare

(c) has

(d) may

Part II
Choose the option that best completes each sentence.

6

If the doctor had discussed the drug's side effects, the patient _____ an alternative medication.

(a) had chosen

(b) would choose

(c) can have chosen

(d) would have chosen

7

The world _____ much different today if the Axis powers had defeated the Allies in World War II.

(a) would be

(b) had been

(c) will have been

(d) should have been

8

If the board promoted Mr. Bischel to CEO, he _____ his financial experience to lead the company out of debt.

(a) can use

(b) could use

(c) can have used

(d) could have used

9

_____ a simple act of carelessness, Charles Goodyear might never have invented vulcanized rubber.

(a) Were it not for being
(b) Had it not been for
(c) If it had not been
(d) But it was for

10

Margaret wished that her brother _____ more politely at the charity banquet last Friday night.

(a) was behaved
(b) had behaved
(c) can have behaved
(d) ought to have behaved

Part III
Read each dialogue or passage carefully and identify the option that contains a grammatical error.

11

(a) A: I double checked all our data and found no mistakes.
(b) B: OK, I think it's time we officially announced our results.
(c) A: Thanks again for letting me be a part of your team.
(d) B: If it weren't for you, we can never have had our breakthrough.

12

(a) The Shembla Foundation is happy to announce the opening of its new national headquarters building in San Francisco. (b) We will never forget that this construction project was made possible by your generous contributions. (c) The foundation could never afford such a wonderful building were it not for our supporters. (d) We are organizing a special celebratory event for the near future, so stay tuned!

10 명사 & 관사 & 대명사

유형 리뷰 | 명사와 관사는 매회 2문항의 비율로 출제된다. 반면, 대명사는 출제 비율이 상당히 낮은 편으로 때때로 1문항 정도가 출제된다.

 Part III

Point
• 셀 수 있는 명사와 셀 수 없는 명사의 특징
• 항상 단수이거나 복수인 명사
• 부정관사 / 정관사의 용법 및 관사의 생략

Identify the option that contains a grammatical error.

(a) A: Where did you go on your vacation?

(b) B: I went to Jeju Island with my husband.

(c) A: Did you have good time?

(d) B: Of course. It was a lot of fun.

문제 풀이법 (c)에서 time은 추상명사지만 구체적인 시간을 가리키므로 앞에 부정관사 a를 필요로 한다. 따라서 have a good time(즐거운 시간을 보내다)이라고 해야 맞다.

번역
(a) 휴가는 어디로 다녀오셨어요?
(b) 남편과 제주도에 갔어요.
(c) 즐거우셨어요?
(d) 물론이죠. 정말 재미있었어요.

기출 포인트 1 셀 수 없는 명사(물질/ 고유/ 추상)는 a/ an을 못 붙이고 단수 취급한다.

1. 물질명사(glass, paper, iron, money, fire)는 little, some, any, much 등의 수식을 받는다.

   We have little money left in our bank account. 은행 계좌에 돈이 거의 남아 있지 않다.

   cf) I went shopping to buy a new iron for my mother-in-law.
   나는 시어머니께 새 다리미를 사드리려고 쇼핑하러 갔다. 〈iron 철 — an iron 다리미〉

   ▶ 물질명사에 부정관사나 복수형이 붙으면 종류나 제품, 일회적 사건 등을 의미한다.
   glass 유리 — a glass 유리잔, paper 종이 — a paper 신문, fire 불 — a fire 산불 등

2. 고유명사에 부정관사나 복수형이 붙으면 '~의 제품/ ~라는 사람/ ~집안의 사람[부부]'을 뜻한다.

   A middle-aged man is driving a new Mercedes-Benz.
   한 중년 남성이 신형 벤츠를 몰고 있다. 〈a Mercedes-Benz: 벤츠 자동차〉

   There's a Mr. Brown waiting for you in the lobby.
   브라운 씨라는 분이 로비에서 기다리고 계십니다. 〈a Mr. Brown: 브라운이라는 사람〉

   ▶ 보통 명사화된 고유명사: a Newton(뉴턴같이 위대한 과학자), the Clintons(클린턴 부부)

3. 추상명사에 부정관사가 붙으면 보통 명사화되고, 전치사와 함께 쓰면 형용사나 부사가 된다.

   My mother is a success as an author. 〈a success: 성공한 사람〉
   어머니는 작가로서 성공한 분이다.

   The company's stocks became of no value. 〈of+추상명사(no value)=형용사(valueless)〉
   회사의 주식은 휴지 조각이 되었다.

기출 포인트 2 항상 단수 또는 복수이거나, 단수와 복수의 뜻이 다른 명사가 있다.

1. 항상 단수인 명사: baggage, luggage, equipment, news, 학문명(physics), 병명(diabetes) 등

   My luggage was so heavy that I couldn't lift it by myself.
   짐이 너무 무거워서 혼자서는 들 수가 없었다.

2. 항상 복수인 명사: people, police, personnel, glasses, socks, series, belongings(소지품) 등

   How many people are there in your London branch?
   런던 지점에는 직원이 몇 명이나 되나요?

3. 단수와 복수의 뜻이 다른 명사: custom(관습) — customs(세관), manner(방법) — manners(예절), air(공기) — airs(태도), letter(편지, 문자) — letters(문학), arm(팔) — arms(무기) 등

   He always talks in a serious manner. 그는 항상 무게 잡고 이야기한다.
   Your daughter needs to learn table manners. 네 딸은 식사 예절 좀 배워야겠더라.

숫자가 있으면 단수, 없으면 복수가 되는 명사와 상호 복수에 유의한다.

1. 특정한 숫자가 붙어 명확한 수를 나타내면 단수형을 쓰고, 숫자 없이 막연한 수를 나타내면 복수형을 쓰는 명사: hundred, thousand, million, score, dozen 등

About five hundred people lost their lives in the fire.
화재로 약 500명의 사람들이 목숨을 잃었다.
The shopping mall was crowded with thousands of people.
쇼핑몰은 수천 명의 사람들로 붐볐다.

2. 서로 교환하는 상호 복수의 의미를 내포한 명사: make friends with, shake hands with, take turns(교대하다), be on good terms with(~와 좋은 관계이다), change trains 등

The singer shook hands with his fans one by one after the concert.
그 가수는 콘서트가 끝난 후 팬들과 일일이 악수를 했다.

부정관사(a/ an)는 '불특정한 것', 정관사(the)는 특정한 것을 나타낸다.

1. a/ an은 단수 명사 앞에 쓰여 '불특정한 하나'를 나타내며, 발음이 모음으로 시작하면 an을 쓴다.

You need to get a new computer. 너 컴퓨터 새로 사야겠더라.
My girlfriend told me an interesting story. 여자친구가 나에게 흥미로운 이야기를 해 줬다.
How much are these apples a kilogram? 〈a: ~당, ~마다(per)〉
이 사과는 킬로그램당 얼마예요?

2. the는 '특정한 것'을 나타내며, 수식어구/ 서수/ 최상급/ 유일물/ 악기명/ the only/ the very/ the same 등과 쓴다. 또한, 〈the+형용사 = 복수 보통명사〉가 되는 용법도 알아두자.

We analyzed the statistics announced by the government.
우리는 정부가 발표한 통계 자료를 분석했다.

My nephew has great talent in playing the piano.
내 조카는 피아노 치는 데 굉장한 재능이 있다.

The government has tried to give work to the unemployed.
정부는 실업자들에게 일자리를 주려고 노력해 왔다. 〈the+형용사 = ~한 사람들〉

식사/ 운동/ 본래 용도로 쓰인 장소/ by+교통[통신]은 관사를 쓰지 않는다.

My boss is really into playing the tennis these days.
사장님은 요즘 테니스에 아주 푹 빠지셨다.

I noticed my mother has been going to the church early in the morning.
엄마가 이른 아침에 교회에 가는 걸 알았다.

▶ 무관사의 예: have lunch, play baseball, go to school, by subway, by email, by phone another는 '또 다른 하나', other는 '다른 것[사람]'을 뜻한다.

1. **another는 '또 하나(one more)/ 다른 것(different one)' 등 불특정한 또 하나를 뜻한다.**

   Could you please give us another chance? 저희에게 한 번만 더 기회를 주시겠어요?

   Friendship is one thing, love is another. 〈another = different one〉
   사랑과 우정은 다른 것이다.

   Married couples tend to take after one another. 〈one another(서로) = each other〉
   부부는 서로 닮는 경향이 있다.

   ▶ 관용 표현: A is one thing, B is another(A와 B는 별개다)/ one after another(차례로)/
   one way or another(어떻게 해서든지)

2. **other는 '다른 것[사람]'을 뜻하며 복수형은 others이다. 특정한 것을 말할 때는 the를 붙인다.**

   The new manager doesn't care what other people might think.
   신임 부장은 다른 사람의 시선을 개의치 않는다.

   Some people were in favor of the proposal, but others weren't.
   제안에 찬성하는 사람들도 있었고 그렇지 않은 사람들도 있었다.

   She has two sons. One is a doctor and the other is a lawyer.
   그녀는 아들이 둘 있는데, 한 명은 의사이고 나머지 한 명은 변호사이다.

   ▶ 관용 표현: the other day(일전에)/ one after the other(번갈아)/ one after another[the other] 차례로 /
   each other(서로)/ on the one hand..., on the other hand...(한편으로는 ~, 다른 한편으로는 ~)

both(둘 다)는 복수, every(모두)와 each(각각)는 단수 취급한다.

   Both of us are supposed to take part in the competition.
   우리 둘 다 그 시합에 참가하기로 되어 있다. 〈both(양쪽 모두): 항상 복수〉

   Every one on the staff feels the same way about the issue.
   그 문제에 대해서는 직원 모두가 공감하고 있다. 〈every+단수 명사: 단수 취급〉

   cf) The shuttle bus runs every twenty minutes. 〈every+복수 명사: ~마다〉
   셔틀 버스는 20분마다 다닌다.

   ▶ every 뒤에 복수 명사가 와서 '~마다'의 의미를 나타내지만 each twenty minutes로는 쓰지 않는다.

   Each of them has different approaches to their work.
   그들은 각자 업무 방식이 다르다. 〈each+단수 명사: 단수 취급〉

   cf) ~~Every of them~~ has different approaches to their work. (x)

   ▶ 〈each of/ both of+복수(대)명사 (O), every of+복수(대)명사 (X)〉를 알아 두자.

※ 괄호 안에서 알맞은 것을 고르세요.

1 Would you get some (□milk □milks) on the way home?
집에 오는 길에 우유 좀 사다 줄래요?

2 My nephew will be (□Brahms □a Brahms) in the future.
내 조카는 장차 브람스처럼 훌륭한 음악가가 될 것이다.

3 Where (□have □has) my glasses gone?
내 안경 어디 갔지?

4 The stadium was packed with about thirty (□thousand □thousands) people.
경기장은 약 3만 명의 관중들로 꽉 찼다.

5 (□An □The) article my supervisor had recommended was really informative.
지도교수가 권해준 논문은 정말 유익했다.

6 Let's have (□X □a □the) lunch at that new restaurant.
그 새로운 식당에서 점심을 먹자.

7 I carried an umbrella in one hand and a shopping bag in (□another □the other).
나는 한 손에는 우산을 들고 다른 한 손에는 쇼핑백을 들었다.

8 There are cars parked illegally on (□both □each) sides of the street.
도로 양쪽에 불법 주차 차량이 늘어서 있다.

9 The World Cup is held (□every □each) four years in a different country.
월드컵은 4년에 한 번씩 다른 나라에서 개최된다.

정답	1. milk	2. a Brahms	3. have	4. thousand	5. The
	6. X	7. the other	8. both	9. every	

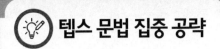

텝스 문법 집중 공략

Choose the option that best completes each dialogue.

1

A: Do you need any supplies?

B: Yes, there's not _____ left in the printer.

(a) many papers
(b) much papers
(c) much paper
(d) many paper

2

A: Why don't you like working with Ted?

B: He's made _____ of questionable decisions lately.

(a) series
(b) a series
(c) any series
(d) other series

3

A: Do you have anything to tell me, Sarah?

B: There's _____ on the phone for you, sir.

(a) a Ms. Clinton
(b) the Ms. Clinton
(c) one Ms. Clinton
(d) some Ms. Clinton

4

A: How many were at the sales conference?

B: Oh, I'd say there were _____ of people in attendance.

(a) hundred
(b) hundreds
(c) a hundred
(d) one hundreds

5

A: I can't believe what that child said to me.

B: His parents need to teach him _____.

(a) better manner

(b) a better manner

(c) better manners

(d) the better manners

Part II

Choose the option that best completes each sentence.

6

Thomas Milford's *At First Sight* was _____ when it was published in 1982.

(a) some instant success

(b) this instant success

(c) an instant success

(d) instant success

7

The two countries have been on _____ with each other since they signed the peace treaty.

(a) the good terms

(b) a good term

(c) good terms

(d) good term

8

Since this time last year, the cost of oil has gone up by almost $30 _____.

(a) barrel

(b) barrels

(c) a barrel

(d) the barrels

9

In case of a flood or earthquake, it is not safe to travel by _____ in the city.

(a) subway
(b) subways
(c) a subway
(d) all subway

10

While some of the neighborhood's residents supported the new speed limit, _____ fought against it.

(a) others
(b) another
(c) the other
(d) each other

Part III
Read each dialogue or passage carefully and identify the option that contains a grammatical error.

11

(a) A: Whose luggage is this? These bags are so heavy!
(b) B: Those are mine, and they're filled with my camera equipment.
(c) A: I don't understand how you can travel with so many gears.
(d) B: I'm a professional photographer, so I have to.

12

(a) A typical story is composed of three parts, and each of them serves a specific function. (b) The rising action hooks the reader by introducing a conflict and building tension around it. (c) Next, the climax comes as the conflict reaches the highest point, and this is likely most exciting part of the story. (d) Finally, falling action near the end helps the reader process the deeper meaning of the story as a whole.

11 형용사 & 부사 & 비교급

유형 리뷰 | 형용사, 부사, 비교급은 매회 1~3문항 정도의 비율로 출제되는데, 형용사, 부사, 비교급은 그 용법이 워낙 다양해서 문제화되었을 때 난이도가 상당히 높은 편이므로 빈출 문제 유형 위주로 대비하도록 한다.

 Part I

Point • 형용사와 부사의 용법 및 주의해야 할 부사
• 비교급의 강조 어구 및 비교급의 중요 구문
• 배수 표현 및 비교급을 이용한 최상급 표현

Choose the option that best completes the dialogue.

A: Sorry, but I must be going now.

B: Why so soon? Can't you stay _____ longer?

(a) very   →   비교급을 수식할 수 없고 원급 수식만 가능
(b) the very   →   최상급을 수식하는 어구
(c) little   →   앞에 a가 있어야 비교급 수식 가능
(d) a little   →   비교급을 수식하는 어구이므로 정답

문제 풀이법   빈칸에는 비교급(longer)을 강조하는 수식어구인 (d) a little이 적절하다. 비교급을 강조하는 수식어구는 much, even, still, far, a little, a lot 등이 있다.

번역   A: 미안하지만 이제 가봐야겠어.
          B: 왜 이렇게 빨리? 좀 더 있으면 안 돼?

기출 포인트 1 형용사는 명사를, 부사는 동사/ 형용사/ 부사/ 문장 전체를 수식한다.

1. 형용사는 명사를 수식하거나 문장에서 보어 역할을 한다.

The presenter made a strong impression on me. 〈명사 수식〉
발표자는 나에게 강렬한 인상을 남겼다.

They found the coach very considerate. 〈보어 역할: find+목적어+목적격 보어〉
그들은 코치가 매우 사려 깊은 사람이라는 것을 알게 되었다.

2. 부사는 동사, 형용사, 부사, 구, 절, 문장 전체를 수식한다.

I reviewed my notes thoroughly after the meeting. 〈동사 수식〉
나는 회의가 끝난 후에 메모해 둔 것을 꼼꼼히 다시 읽어 보았다.

Taking on a new project is very challenging. 〈형용사 수식〉
새로운 프로젝트를 맡는다는 것은 매우 도전적인 일이다.

cf) I'm much obliged to you for your kindness. 〈과거분사 수식〉
친절하게 대해 주셔서 정말 감사합니다.

▶ 똑같은 부사이지만 very는 주로 형용사, 부사를, much는 동사, 과거분사를 수식한다.

기출 포인트 2 〈형용사+-ly = 부사〉〈명사+-ly = 형용사〉〈-ly형 형용사〉를 구별한다.

We must handle this problem very carefully. 〈형용사(careful)+-ly = 부사(carefully)〉
우리는 이 문제를 아주 조심스럽게 다뤄야 합니다.

The staff considered the new CEO friendly. 〈명사(friend)+-ly = 형용사(friendly)〉
직원들은 새로 부임한 사장님이 친절하다고 생각했다.

Our country has remained free from the deadly disease. 〈-ly형 형용사〉
우리나라는 그 치명적인 질병의 영향을 받지 않았다.

▶ 부사로 착각하기 쉬운 형용사: lonely, elderly, costly, lovely, friendly 등

기출 포인트 3 형용사와 부사의 형태가 같은 단어를 구별하자.

The manager was late for work this morning. 〈late: 늦은〉
매니저는 오늘 아침에 지각했다.

We arrived at the airport an hour late. 〈late: 늦게〉
우리는 공항에 1시간 늦게 도착했다.

▶ 형용사와 부사의 형태가 같은 단어: late(늦은/ 늦게), fast(빠른/ 빨리), last(최후의/ 마지막으로), early(이른/ 일찍), high(높은/ 높게), wide(넓은/ 넓게), near(근처의/ 근처에), close(가까운/ 가까이)

-ly를 붙이면 전혀 다른 뜻이 되는 부사는 다음과 같은 것들이 있다.

The birds are flying high **in the sky.** 〈high: 높게〉
새들이 하늘 높이 날고 있다.

My sister doesn't think highly **of herself.** 〈highly: 높게 평가하여〉
내 여동생은 자신을 존중하지 않는다.

I've been working overtime lately. 〈lately: 최근에〉
요즘 계속 초과 근무를 한다.

▶ -ly를 붙이면 전혀 다른 뜻이 되는 부사: late(늦게)/ lately(최근에), near(근처에)/ nearly(거의), close(가까이)/ closely(면밀히), hard(열심히)/ hardly(거의 ~않고), wide(넓게)/ widely(널리), high(높게)/ highly(매우), sharp(정각에)/ sharply(급격하게)

〈비교급 + than〉 〈the + 최상급〉은 비교급과 최상급의 일반적 형태이다.

1. 비교급은 〈비교급＋than＋비교 대상〉의 형태이며, 비교 대상은 서로 동일한 위상을 갖는다.

Young people nowadays like foreign movies better than **domestic ones.**
요즘 젊은이들은 국내 영화보다 외국 영화를 더 좋아한다.

My mobile phone is more expensive than **his.** 〈his = his mobile phone〉
내 휴대 전화가 그의 것보다 더 비싸다.

2. 최상급은 〈**the** + 최상급〉의 형태이지만, 부사의 최상급에는 **the**를 붙이지 않는 경우도 있다.

It was the most challenging **task I've ever completed.**
그것은 내가 이제까지 했던 업무 중에서 가장 도전적인 일이었다.

Aciel gets up earliest **in his family.**
아시엘은 그의 식구들 중에서 가장 일찍 일어난다.

비교급과 최상급을 강조하는 수식어구는 각각 다음과 같다.

1. 비교급 앞에 오는 강조어구: **even, much, still, far, a lot, a little, any, no** 등

This article is much more informative **than that one.** 〈much+비교급: 훨씬 더 ~한〉
이 논문이 그것보다 훨씬 더 유익하다.

2. 최상급 앞에 오는 강조어구: **much, the very, by far, by no means** 등

This is the very best **reference book I've ever used.** 〈the very+최상급: 최고로 ~한〉
이것은 내가 이제까지 사용했던 참고서 중에서 단연 최고이다.

기출 포인트 7 〈the + 비교급〉 형태처럼 비교급이지만 the를 붙이는 경우가 있다.

1. the + 비교급, the + 비교급: ~할수록 더 ...하다

The more you listen to classical music, the better you'll appreciate it.
클래식 음악을 많이 들으면 들을수록 더 잘 감상할 수 있다.

cf) 비교급+and+비교급: 점점 더 ~한

It seemed to be getting darker and darker. 점점 더 어두워지고 있는 것 같았다.

As time went by, we became more and more accustomed to working together. 시간이 지남에 따라 우리는 함께 일하는 것에 점점 더 익숙해졌다.

2. the + 비교급 + of the two: 둘 중에서 더 ~한

In my opinion, my nephew is the more intelligent of the two.
둘 중에서 내 조카가 더 똑똑한 것 같다.

3. (all) the + 비교급 + for A: A 때문에 오히려 더 ~한

The lady liked the guy all the more for his indifference.
그녀는 그가 무관심했기 때문에 그를 더욱 좋아했다.

기출 포인트 8 배수(몇 배) 표현은 〈배수 + as + 원급 + as〉/ 〈배수 + 비교급 + than〉이다.

Her brand-new BMW is three times as expensive as mine.
그녀의 최신형 BMW는 내 것보다 세 배 비싸다.

= Her brand-new BMW is three times more expensive than mine.

When I was pregnant, I ate twice as much as my husband did.
나는 임신했을 때 남편보다 두 배만큼 더 먹었다.

기출 포인트 9 〈비교급 + than any other + 단수/ all the other + 복수〉는 최상급 표현이다.

Steve Jobs was more innovative than any other man in the world.
스티브 잡스는 세상 누구보다 혁신적이었다.

= Steve Jobs was more innovative than all the other men in the world.

= Steve Jobs was more innovative than anyone else in the world.

= Steve Jobs was the most innovative man in the world.

The sense of smell affects customers more than all the other senses.
후각은 다른 모든 감각보다 고객들에게 더 많은 영향을 끼친다.

▶ 비교급을 이용한 최상급 표현으로 '다른 어느 누구[어느 것]보다 더 ~한'으로 해석되며, 형태는 다음과 같다.
〈비교급+than any other+단수 명사〉/ 〈비교급+than all the other+복수 명사〉/ 〈비교급+than anyone [anything] else〉

※ 괄호 안에서 알맞은 것을 고르세요.

1 At first the professor seemed (☐strange ☐strangely) to me.
처음에는 그 교수가 좀 이상해 보였다.

2 Living in a big city is often (☐very ☐much) expensive.
대도시에서 사는 것은 종종 생활비가 아주 많이 든다.

3 Although I'm heavy, I can still run (☐fast ☐fastly).
나는 몸은 무거워도 여전히 빨리 달릴 수 있다.

4 The back door of your house is (☐wide ☐widely) open.
너희 집 뒷문이 활짝 열려 있어.

5 Dali's paintings seem to be more grotesque than (☐Munch ☐those of Munch).
달리의 그림은 뭉크의 그림보다 더 기괴해 보인다.

6 The professor was (☐the very ☐much) stricter than we had expected.
그 교수는 우리가 예상했던 것보다 훨씬 더 깐깐했다.

7 I think your manager is (☐more enthusiastic ☐the more enthusiastic) of the two.
둘 중에서는 너희 팀장이 더 열정적인 것 같더라.

8 The project took only (☐half as long ☐as half long) as we had expected.
프로젝트는 우리가 예상했던 시간의 반밖에 걸리지 않았다.

9 Creating employment is more urgent than all the other (☐problem ☐problems).
고용 창출은 다른 어떤 문제보다 더 시급한 문제다.

정답   1. strange   2. very   3. fast   4. wide   5. those of Munch
     6. much   7. the more enthusiastic   8. half as long   9. problems

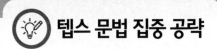

텝스 문법 집중 공략

Part I
Choose the option that best completes each dialogue.

1

A: What do you think of this financial software?

B: Honestly, I find it very _____ to use.

(a) hardness
(b) hardens
(c) hardly
(d) hard

2

A: I'm thinking of buying a sailboat.

B: I hear that maintaining boats is quite _____.

(a) costly
(b) to cost
(c) costing
(d) more cost

3

A: How do I apply this paint sealer?

B: Use a brush and _____ cover the surface.

(a) complete
(b) completely
(c) completes to
(d) the completion

4

A: I want to see that new action movie.

B: Unfortunately, it's not _____ good.

(a) that
(b) such
(c) every
(d) indeed

5

A: Jean, I'm so happy to run into you.

B: Yeah, I haven't seen you at all _____.

(a) late

(b) later

(c) lately

(d) of lately

Choose the option that best completes each sentence.

6

The contractor said that building the deck out of cedar would be _____ using pine.

(a) more than expensive

(b) more expensive than

(c) most expensive

(d) more expenses

7

The American Civil War was _____ conflict for US soldiers, resulting in a total of 625,000 lives lost.

(a) by the farthest deadly

(b) by far the deadliest

(c) deadly by far the

(d) by far deadliest

8

California's coastal redwood trees grow _____ any other species of tree in the world.

(a) tallest as

(b) the taller

(c) taller than

(d) much tall than

9

During the fourth quarter, Langdon Company's sales increased _____ their main competitor's.

(a) four times faster than
(b) as fast as four times
(c) the fastest four times
(d) four faster times of

10

Mozart was envied for being more talented than _____ composers of his time.

(a) the others
(b) any of other
(c) all the other
(d) all the others

Part III
Read each dialogue or passage carefully and identify the option that contains a grammatical error.

11

(a) A: This is the most useless shelf in the house.
(b) B: Why don't you like to use it?
(c) A: It's placed too highly on the wall for me to reach.
(d) B: It wouldn't be very difficult to lower it.

12

(a) Like any physical activity, dancing the tango requires both knowledgeable instruction and regular practice. (b) You shouldn't feel discouraged if you attempt the dance once and deliver a poor performance. (c) Instead, find a friendly instructor who can teach you the basics of this popular dance form. (d) After that, the most seriousness you take your practice, the quicker you'll see yourself improve.

12 전치사 & 접속사

유형 리뷰 | 전치사는 매회 1~2문항의 비율로 출제된다. 반면에 접속사는 매회 1~4문항 정도의 출제 빈도를 보인다.

 Part III

Point · 혼동하기 쉬운 전치사의 용법
· 주의해야 할 전치사와 접속사
· 상관접속사와 문장의 병렬 구조

Identify the option that contains a grammatical error.

(a) We have become more aware of hazardous conditions in the environment since the past 30 years. (b) Scientists reported that ozone has declined significantly.
(c) They noted that a huge hole has been created in the ozone layer. (d) According to the report, the ozone hole over Antarctica is still increasing.

문제 풀이법 (a)에서 since는 뒤에 특정한 시점이 나와야 하는데, the past 30 years(지난 30년)이라는 구체적인 시간의 길이가 나왔으므로 since를 전치사 for로 바꿔야 한다.

번역 (a) 지난 30년 동안 우리는 환경에 위협적인 조건들에 대해 좀 더 알게 되었다. (b) 과학자들은 오존이 크게 감소했다고 발표했다. (c) 그들은 오존층에 거대한 구멍이 생겼음에 주목했다. (d) 그 보고에 의하면 남극 대륙의 오존층 구멍은 지금도 커지고 있다.

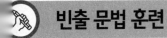
기출 포인트 1 ~동안: 〈for+시간〉 〈during+기간〉 〈since+시점〉으로 표현한다.

I've been working out for **three months.** 〈for+구체적인 시간〉
나는 3개월째 운동을 하고 있다.

The company has doubled in value during **his office.** 〈during+기간〉
그가 재임하는 동안 회사의 가치는 배로 상승했다.

What has he been doing since **then?** 〈since+특정 시점〉
그때 이후로 그 분은 뭐하고 계신 거예요?

▶ for는 주로 '숫자로 표기된 구체적인 시간'이 나오고, during은 '행사나 기간'을 나타내는 말이 오며,
   since는 뒤에 '특정한 시점'이 와야 한다.

기출 포인트 2 ~후에: after는 과거나 미래가 기준이고, in은 현재가 기준이다.

They went out for a drink after **work.** 〈after: 과거를 기준시로 '~한 후에'〉
그들은 퇴근 후에 한 잔 하러 갔다.

I will be available anytime after **2 p.m.** 〈after: 미래를 기준시로 '~후에'〉
오후 2시 이후로는 언제든지 시간이 됩니다.

The manager would return in **an hour or so.** 〈in: 현재를 기준시로 '~후에'〉
매니저는 한 시간쯤 후에 돌아올 겁니다.

▶ after는 과거나 미래를 기준으로 '~한 후에, ~하고 나서'이고, in은 '지금부터 ~후에'라는 뜻이다.

기출 포인트 3 ~까지: by는 '완료'의 의미이고, until은 '계속'의 의미이다.

We must hand in our assignments by **Friday.** 〈by: 동작, 상태의 '완료'〉
우리는 금요일까지 과제물을 제출해야 한다.

My boss works until **late every night.** 〈until: 동작, 상태의 '계속'〉
사장님은 매일 밤 늦게까지 야근을 하신다.

▶ by는 '~까지'의 의미로 동작이나 상태가 '완료'됨을 나타내고, until은 '~까지 줄곧'의 의미로 동작이나 상태가
   '지속'됨을 의미한다.

during은 전치사로서 명사를 취하고, while은 접속사로서 절을 취한다.

She was busy taking notes during the lecture. 〈during: 전치사로서 명사를 목적어로 취함〉
그녀는 강의 시간에 노트 필기하느라 바빴다.

cf) My son listens to classical music while studying. (o) → ~~during studying (x)~~
　　내 아들은 공부하면서 클래식 음악을 듣는다.

He kept asking me unnecessary things while driving. (o)
그는 운전하는 동안 내게 쓸데없는 것들을 계속해서 물어봤다. 〈while 뒤에 he was가 생략됨〉

▶ during은 전치사로서 명사를 목적어로 취하지만, 동명사는 목적어로 취할 수 없음에 유의한다.

I fell asleep while I was reviewing the papers. 〈while: 접속사로서 절을 취함〉
나는 논문을 검토하다가 잠이 들었다.

cf) Imports are increasing, while exports are decreasing.
　　수입이 증가하는 반면, 수출은 줄고 있다.

▶ 이때 while은 '~하는 동안'이 아니라, '~반면에'(whereas), 즉 대조, 반대의 의미이다.

despite/ in spite of는 전치사, although/ though는 접속사이다.

He decided to lower the prices despite the opposition.
그는 반대에도 불구하고 가격을 인하하기로 결정했다.

The children played in the snow in spite of the cold weather.
아이들은 추운 날씨에도 아랑곳하지 않고 눈 속에서 놀았다.

Although I got an offer from the firm, I didn't accept it.
회사에서 일자리 제안을 받았지만 수락하지 않았다.

Though she was young, she supported her family.　그녀는 어렸지만 가족을 부양했다.

cf) The hotel had very good service. It was rather expensive, though.
　　호텔은 서비스가 아주 좋았다. 약간 비싸긴 했지만 말이다.

▶ though는 주로 구어체에서 앞서 말한 내용에 약간 뜻밖의 내용을 덧붙일 때 사용되기도 한다.

even if(비록 ~일지라도)와 even though(비록 ~이지만)는 의미가 다르다.

He wouldn't ask for her help even if he needed it.
그는 그녀의 도움이 필요하더라도 요청하지 않을 거다. 〈도움이 필요한 상황인지 그 사실 여부가 불확실함〉

We should buy the textbooks even though they are expensive.
교재가 비싸기는 하지만 우리는 그것을 사야 한다. 〈교재가 비싸다는 건 사실임〉

▶ even if(비록 ~이더라도)는 어떤 상황을 '가정'하는 것이고, even though(비록 ~이긴 하지만)는 (al)though 보다 강한 표현으로 '어떤 상황이 사실임에도 불구하고'의 의미이다.

병렬 구조는 문법적으로 동일한 기능과 형태를 가져야 한다.

1. **등위접속사(and, but, or, so)는 원래 문법적인 형태와 기능이 서로 같은 말들을 연결한다.**

   She spent all day cooking and cleaning. 그녀는 요리하고 청소하느라 하루를 다 보냈다.

   Which do you like better, an introvert or an extrovert?
   내성적인 사람과 외향적인 사람 중에 너는 어느 쪽을 더 좋아하니?

   The man proposed to me, but I refused. 그 남자가 나에게 청혼했지만 거절했다.

2. **병렬 구조를 취하는 상관접속사(both A and B, either A or B 등)도 대등한 것끼리 연결한다.**

   He enjoys both rock climbing and horseback riding.
   그는 암벽 등반과 승마 둘 다 즐긴다. 〈both A and B: A와 B 둘 다〉

   I want to major in either political science or psychology.
   나는 정치학이나 심리학을 전공하고 싶다. 〈either A or B: A이거나 B〉

   The new method is neither flexible nor effective.
   새로운 방법은 융통성이 있는 것도 아니고 효과적이지도 않다. 〈neither A nor B: A도 아니고 B도 아니다〉

   The employee is not only diligent but also creative.
   그 직원은 부지런할 뿐만 아니라 창의적이다. 〈not only A but also B: A뿐만 아니라 B도〉

   The train didn't start at six o'clock sharp but at six-thirty.
   기차는 6시 정각에 출발한 게 아니라 6시 30분에 출발했다. 〈not A but B: A가 아니라 B〉

   ▶ 위 문장은 The train did not start at six o'clock sharp but (started) at six-thirty에서 but 뒤의 started가 중복되므로 생략한 것이다. 따라서 not A but B의 A와 B도 형태와 기능이 대등하다.

접속사 that(~라는 것), whether(~인지 아닌지)는 명사절을 이끈다.

   I believe (that) diligence and perseverance lead to success.
   나는 근면과 인내가 성공에 이르는 길이라고 믿는다. 〈that절: believe의 목적어〉

   ▶ that(~라는 것)이 동사의 목적어 역할을 하는 명사절을 이끌 때는 생략이 가능하다.

   I don't know whether he is in the legal profession (or not).
   그가 법조계에 종사하는지 아닌지 난 모른다. 〈whether(~인지 아닌지) = if〉

   = I don't know if he is in the legal profession (or not).

   cf) Whether he likes it or not, we'll go to the party.
   그가 원하든 원하지 않든 우리는 파티에 갈 것이다. 〈whether ... or not(~하든 안 하든) ≠ if〉

   ▶ 명사절을 이끄는 whether ... (or not)(~인지 아닌지)은 if로 바꿀 수 있지만, 양보의 부사절을 이끄는 whether ... or not(~하든 안 하든)은 if로 바꿀 수 없고 or not도 생략할 수 없다.

📖 텝스 문법 기본 훈련

※ **괄호 안에서 알맞은 것을 고르세요.**

1   My professor has been in the hospital (☐for ☐during ☐since) a couple of months. 교수님이 두 달째 병원에 입원해 계신다.

2   They will meet her (☐after ☐in) 8 p.m.
    그들은 저녁 8시 이후에 그녀를 만날 것이다.

3   We are scheduled to finish the project (☐by ☐until) the end of this month.
    이달 말까지는 프로젝트를 끝낼 예정이다.

4   He kept yawning (☐during ☐while) watching the film.
    그는 영화를 보면서 계속 하품을 했다.

5   (☐Despite ☐Though) his young age, he was given a speedy promotion.
    그는 젊은 나이임에도 불구하고 고속 승진했다.

6   I wouldn't accept the offer (☐even if ☐even though) he offered me a better job.
    그가 나에게 더 나은 자리를 제안하더라도 나는 그 제안을 받아들이지 않을 것이다.

7   I plan to move (☐either ☐both) in the late summer or the early fall.
    나는 늦여름이나 초가을에 이사할 계획이다.

8   We should think not of our own interests (☐only ☐but) of the interests of others.
    우리 자신의 이익이 아니라 타인의 이익에 대해 생각해야 합니다.

9   (☐Whether ☐If) we win the election or not, we'll accept the result.
    우린 선거에서 이기든 지든 결과에 승복할 겁니다.

정답	1. for	2. after	3. by	4. while	5. Despite
	6. even if	7. either	8. but	9. Whether	

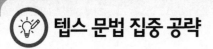

텝스 문법 집중 공략

Part I

Choose the option that best completes each dialogue.

1

A: We haven't seen each other in four years.

B: I bet a lot has changed _____ then.

(a) during

(b) from

(c) since

(d) for

2

A: When is your marketing proposal due?

B: I have _____ next Thursday to finish it.

(a) until

(b) about

(c) by

(d) since

3

A: I still need to pack my suitcase.

B: Hurry, because we're leaving _____ less than an hour.

(a) around

(b) after

(c) with

(d) in

4

A: I try to write down everything the professor says.

B: Just remember to pay attention _____ taking notes.

(a) whether

(b) yet

(c) while

(d) among

5

A: Did you go with Matt to the football game?

B: Yes, _____ I can't stand watching football.

(a) till

(b) if only

(c) rather than

(d) even though

Part II
Choose the option that best completes each sentence.

6

All of the volunteers were busy unpacking the supplies and _____ into different categories.

(a) organizing

(b) to organize

(c) they organized

(d) organizing them

7

_____ the heavy wind and rain, the two teams decided to continue playing the game.

(a) So that

(b) Although

(c) However

(d) In spite of

8

When Katarina broke her leg, she had to wear a cast on it _____ three months.

(a) for

(b) after

(c) but

(d) until

9

The aide claimed _____ the politician knew he was breaking the law by accepting the money.

(a) that
(b) if
(c) when
(d) since

10

Ms. Trafton was not permitted to keep pets when she was little, _____ she certainly would have liked to.

(a) despite
(b) nor
(c) once
(d) though

Part III
Read each dialogue or passage carefully and identify the option that contains a grammatical error.

11

(a) A: I'm so tired of attending these industry conferences.
(b) B: If you want to or not, you have to go to them.
(c) A: I know, because I have to keep up with the latest developments.
(d) B: Not only that, but the boss knows you do a good job.

12

(a) This notice is to inform you that electricity will be shut off to your property at 8:00 a.m. on September 14. (b) It will remain off while workers perform routine maintenance on the power grid in your area. (c) They plan to either complete the work by noon of the same day or they return the following day to finish the job. (d) If you have any questions, please contact Sandra O'Connor at 555-6607.

II

NEW TEPS
어휘 특별 부록

Unit 01   고빈도 동사
Unit 02   고빈도 명사
Unit 03   고빈도 형용사

01 고빈도 동사

유형 리뷰 | 어휘 영역에서 동사와 관련된 문항은 출제 빈도가 매우 높으며 특히 고빈도 동사는 텝스 기출 어휘 중 가장 기본적으로 익혀두어야 한다. 본 장에서 제시하는 고빈도 동사는 어휘 영역에만 국한되지 않고 텝스 시험의 네 가지 영역 모두에 자주 등장하는 필수 어휘이므로 최우선적으로 익혀두자.

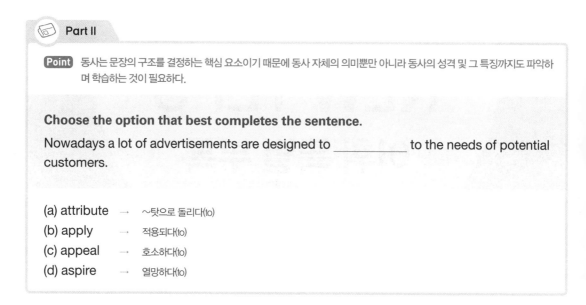

Part II

Point 동사는 문장의 구조를 결정하는 핵심 요소이기 때문에 동사 자체의 의미뿐만 아니라 동사의 성격 및 그 특징까지도 파악하며 학습하는 것이 필요하다.

Choose the option that best completes the sentence.

Nowadays a lot of advertisements are designed to _____ to the needs of potential customers.

(a) attribute → ~탓으로 돌리다(to)
(b) apply → 적용되다(to)
(c) appeal → 호소하다(to)
(d) aspire → 열망하다(to)

문제 풀이법　문맥상 '호소하다'라는 뜻의 appeal이 들어가야 하므로 (c)가 정답이다.

번역　　　 오늘날 대부분의 광고는 잠재 고객의 욕구에 호소하도록 만들어진다.

01 **accept** a bribe 뇌물을 받다
1. 받다(receive) 2. 수락하다 3. 인정하다
It was reported that the mayor accepted a bribe. 시장이 뇌물을 받았다는 뉴스가 보도되었다.

02 **achieve** the desired results 바라던 결과를 달성하다
1. (목적 · 일 등을) 달성하다(accomplish) 2. (좋은 결과를) 쟁취하다
I doubt we can achieve the desired results. 우리가 소기의 성과를 달성할 수 있을지 의심스럽다.

03 **acquire** a foreign language 외국어를 습득하다
1. 습득하다, 얻다(get) 2. 획득하다
Generally, children acquire a foreign language rapidly. 일반적으로 아이들은 외국어를 빨리 습득한다.

04 **adapt** to changing conditions 변화하는 환경에 적응하다
(환경에) 적응하다〈to〉 adapt oneself to the new circumstances 새로운 환경에 적응하다
The company tried to adapt to changing conditions. 회사는 변화하는 환경에 적응하기 위해 애썼다.

05 **address** a problem 문제를 다루다
1. (문제 · 이슈 등을) 다루다 2. 연설하다 3. (항의 · 이의 등을) 제기하다
The committee held a meeting to address the problem. 위원회는 그 문제를 다루기 위해 회의를 개최했다.

06 **administer** a drug 약을 복용시키다
1. (약을) 투여하다 2. (업무를) 관리하다 3. (시험을) 실시하다
The doctor administered the drug to a pregnant woman. 의사는 임산부에게 그 약을 복용하도록 했다.

07 **adopt** a new approach 새로운 접근법을 채택하다
1. (이론 · 방법 등을) 채택하다 2. 입양하다 3. (법안을) 가결하다
They decided to adopt a new approach to the problem.
그들은 그 문제에 대한 새로운 접근법을 채택하기로 결정했다.

08 **advocate** a policy 정책을 지지하다
1. 지지하다, 옹호하다(support) 2. 주창하다; 주장하다
The opposition party advocates sweeping reforms to the health service.
야당은 의료 서비스의 전면적인 개혁을 지지한다.

09 **affect** the negotiations 협상에 영향을 미치다
1. 영향을 미치다 2. (병이) 침범하다 3. 감동을 주다 4. 가장하다 affect an accent 말투를 가장하다
We must consider many factors that affect the negotiations.
협상에 영향을 줄 많은 요소들을 고려해야 한다.

10 **apply** makeup 화장품을 바르다
1. (화장품 · 약 등을) 바르다 2. 신청하다〈for〉 3. (규칙 등을) 적용하다〈to〉
The woman applied her makeup with great care. 그 여자는 정성 들여 화장을 했다.

11 **beat** the opponent 상대방을 물리치다

1. (상대방 · 적을) 이기다(defeat)   2. 치다, 때리다 beat around the bush (말을) 빙빙 둘러대다
We beat the opponents and finally won the championship. 우리는 상대 팀을 꺾고 마침내 우승했다.

12 **boost** self-esteem 자부심을 북돋우다

1. (사기를) 북돋우다   2. (생산량 · 매출 등을) 증가시키다 boost sales 매출을 증진시키다
Here are 10 ways to boost your self-esteem. 자존심을 높이기 위한 10가지 방법이 여기에 있다.

13 **catch** a disease 병에 걸리다

1. (병에) 걸리다(contract a disease)   2. (사람 · 동물 등을) 잡다   3. (버스 · 기차 등을 시간 맞춰) 타다
She was surprised that her husband caught a terrible disease.
그녀는 남편이 심각한 병에 걸렸다는 것을 알고 놀랐다.

14 **challenge** an existing theory 기존의 학설에 이의를 제기하다

1. (정당성 · 주장 등에) 이의를 제기하다, 의문을 품다   2. 도전하다, (결투를) 신청하다
His new research challenges the existing theory. 그의 새로운 연구는 기존의 학설에 의문을 제기한다.

15 **compete** against global companies 세계적인 기업들과 경쟁하다

1. 겨루다, 경쟁하다   2. 필적하다〈with〉
We now have to compete against global companies. 이제 우리는 세계 유수의 기업들과 경쟁해야 한다.

16 **consult** a doctor 의사의 진찰을 받다

1. (변호사 · 의사 등의 전문가와) 상담하다   2. (참고서 · 사전 등을) 참고하다
You had better consult a doctor as soon as possible. 가능한 한 빨리 의사의 진찰을 받아보는 것이 좋겠다.

17 **convey** a message 메시지를 전하다

1. (소식을) 전하다, 알리다   2. (승객 · 물건 등을) 운반하다
Interestingly, chimpanzees use their hands to convey messages.
흥미롭게도 침팬지는 손을 이용해서 메시지를 전한다.

18 **decline** an invitation 초대를 거절하다

1. (초대 · 요청을) 거절하다(refuse)   2. 쇠퇴하다, 하락하다
The couple declined my invitation to dinner. 그 부부는 나의 저녁 식사 초대를 거절했다.

19 **endorse** a suggestion 제안을 지지하다

1. (제안 등을) 지지하다, 보증하다(confirm)   2. (어음 · 수표 등에) 배서하다(endorse the check)
The majority of people endorsed the suggestion. 국민 대다수가 그 제안을 지지했다.

20 **extend** a deadline 기한을 연장하다

1. (기간을) 연장하다   2. (도로 · 철도 등을) 연장하다   3. (손을) 뻗치다(stretch)
I'm sorry, but we cannot extend the deadline any farther.
죄송합니다만 더 이상 기한을 연장해 드릴 수 없습니다.

(21) **facilitate** the process 과정을 쉽게 하다
1. (일 · 과정 등을) 용이하게 하다   2. (행동을) 촉진하다
This new system will facilitate the production process.
이번에 도입한 새로운 시스템은 생산 공정을 용이하게 할 것이다.

(22) **favor** government action 정부 조치를 찬성하다
1. (제안 · 계획 등을) 찬성하다   2. 호의를 베풀다 (*a.* favorable 호의적인   *a.* favorite 가장 좋아하는)
The opposition party favored the government's recent measures to promote the public
welfare. 야당은 공공복지 증진을 위한 정부의 최근 조치를 찬성했다.

(23) **forge** a passport 여권을 **위조하다**
1. (서류를) 위조하다, 날조하다   2. (조약을) 맺다
The prime minister forged his passport and fled abroad. 총리는 여권을 위조해서 해외로 도피했다.

(24) **impose** restrictions on ~에 제한을 가하다
1. (제재 · 세금 등을) 부과하다   2. (의견을) 강제하다
The government has imposed restrictions on the sale of weapons.
정부는 무기 판매에 제재를 가해 왔다.

(25) **incur** huge debts 막대한 빚을 **지다**
1. (빚을) 지다   2. (위험 · 비난 등을) 초래하다
The continual heavy rain caused farmers to incur huge debts.
계속되는 폭우로 농민들은 막대한 빚을 지게 되었다.

(26) **indulge** in gambling 도박에 **빠지다**
1. (쾌락 · 욕망 등에) 빠지다, 탐닉하다〈in〉   2. (아이를) 마음대로 하게 하다
The man indulged in gambling to the point of addiction. 그 남자는 중독될 정도로 도박에 빠져들었다.

(27) **injure** badly 심하게 **다치게 하다**
1. 부상을 입히다, 다치게 하다   2. (감정 · 명예 등을) 손상시키다, 해치다
He was badly injured in the traffic accident. 그는 교통사고로 크게 다쳤다.

(28) **institute** a lawsuit against 소송을 **걸다**
1. (소송을) 제기하다   2. 제정하다, 설립하다(establish)   3. 임명하다
The employee instituted a lawsuit against the company. 그 직원은 회사를 상대로 소송을 걸었다.

(29) **jeopardize** the public's safety 공공의 안전을 위험에 빠뜨리다
위험에 빠뜨리다, 위태롭게 하다(endanger)
The government must not jeopardize the public's safety for any reason.
정부는 어떤 이유로도 공공의 안전을 위험에 빠뜨려서는 안 된다.

(30) **monitor** closely 면밀히 **감시하다**
1. (긴 시간을 두고) 추적 관찰하다   2. (사람 · 일 등을) 감시하다   3. (환자의 상태를) 모니터하다
The game industry is monitoring the situation closely. 게임 업계는 사태의 추이를 예의 주시하고 있다.

31 **observe** attentively 주의 깊게 관찰하다
1. 관찰하다, 주시하다 (*n.* observation) 2. (규칙 · 법 등을) 준수하다 (*n.* observance)
If you observe this problem attentively, you can figure it out.
이 문제를 주의 깊게 관찰하면 이해할 수 있을 거다.

32 **overcome** a handicap 악조건을 극복하다
1. (장애 · 난관 등을) 극복하다 2. (적을) 이기다(defeat)
She had the ability to overcome her physical handicap. 그녀는 자신의 신체적 장애를 극복할 능력이 있었다.

33 **postpone** a meeting 회의를 연기하다
1. 연기하다(put off) 2. 보류하다, 유보하다
There was no reason to postpone the meeting. 회의를 연기할 아무런 이유가 없었다.

34 **prescribe** a pill 알약을 처방하다
1. (약 · 치료법 등을) 처방하다 2. 규정하다, 지시하다
The doctor prescribed sleeping pills to help me fall asleep easier.
의사는 내가 좀 더 쉽게 잠들 수 있도록 수면제를 처방해 주었다.

35 **raise** funds 자금을 모으다
1. (돈을) 모으다 2. (문제를) 제기하다 3. 아이를 기르다(bring up) 4. 올리다(lift)
The purpose of the bazaar is to raise funds for charity. 바자회의 목적은 자선기금 모금이다.

36 **recognize** the need for ~에 대한 필요성을 인식하다
1. 인지하다(realize) recognize sb's talent ~의 재능을 알아보다 2. 승인하다(acknowledge)
Many people recognized the need for reforms in education. 많은 사람들이 교육개혁의 필요성을 인정했다.

37 **recover** one's health 건강을 회복하다
1. (의식 · 건강을) 회복하다(get well) 2. 도로 찾다(get back)
The patient recovered her health very fast. 그 환자는 아주 빠르게 건강을 회복했다.

38 **resolve** a crisis 위기를 해결하다
1. (문제 · 위기를) 해결하다(solve) 2. 결심하다(decide) 3. 분해하다
How did the manager try to resolve the crisis? 위기를 해결하기 위해서 관리자는 어떻게 노력했는가?

39 **restore** one's eyesight 시력을 회복하다
1. (의식 · 건강 · 원기 등을) 회복하다 2. 복구하다, 재건하다 3. (도난품 · 유실물 등을) 반환하다
There are several ways to restore your eyesight naturally.
시력을 자연스럽게 회복시키는 몇 가지 방법이 있다.

40 **resume** one's work 일을 재개하다
1. 재개하다, 다시 시작하다 2. 다시 차지하다 3. (건강을) 되찾다
She resumed her work after studying abroad for two years.
그녀는 2년 동안 해외에서 공부한 후 다시 일을 시작했다.

41 **retain** a unique culture 독특한 문화를 유지하다
1. 유지하다(maintain, keep)   2. (마음에) 간직하다(keep in mind, remember)
This tribe has retained its own unique culture and history.
이 부족은 고유의 독특한 문화와 역사를 유지해 왔다.

42 **revive** the economy 경제를 되살리다
1. 되살리다   2. 다시 유행시키다, 부흥시키다   3. 재공연하다
They tried their best to revive the economy but ended in failure.
그들은 경제를 되살리기 위해 최선을 다했지만 실패로 끝났다.

43 **scrutinize** closely 면밀히 조사하다
1. 철저히 조사하다(examine, investigate)   2. 유심히 보다
The examiner scrutinized the documents closely.   시험관은 서류를 면밀히 검토했다.

44 **solicit** financial support 재정 지원을 요청하다
1. 간청하다, 요청하다(plead for, beg)   2. (나쁜 짓을) 부추기다〈to〉
I would like to solicit financial support from your company.   귀사로부터 재정 지원을 꼭 받고 싶습니다.

45 **stimulate** interest 관심을 자극하다
자극하다, 격려하다 (*n*. stimulation 자극   *n*. stimulus 자극제   *a*. stimulating 고무적인)
The first paragraph of an essay should stimulate the reader's interest.
에세이의 첫 단락은 독자의 흥미를 자극해야 한다.

46 **supplement** income 수입을 보충하다
1. 보조하다, 보충하다   2. 보충제   vitamin supplements 비타민 보충제
We had better do something to supplement our limited income.
빠듯한 수입을 보충하기 위해 뭐라도 하는 게 낫겠다.

47 **transfer** a call 전화를 (다른 사람에게) 돌리다
1. 건네다, 옮기다(move)   2. 전학시키다   3. (사상 등을) 전하다(convey, hand on)
Let me transfer your call to a person who speaks Chinese.
중국어를 할 수 있는 사람에게 전화를 돌려드리겠습니다.

48 **undergo** radical changes 급진적인 변화를 겪다
1. (변화 등을) 겪다, 경험하다(experience)   2. (시련을) 견디다(endure, put up with)
The company has undergone radical changes since the manager left.
관리자가 떠난 후 회사는 급진적인 변화를 겪었다.

49 **undertake** a major project 대형 프로젝트를 맡다
1. (일 · 책임 등을) 맡다(take on)   2. 착수하다(set about, start)
The company undertook dozens of major projects at the same time.
회사는 동시에 수십 개의 대형 프로젝트를 맡았다.

50 **utilize** resources 자원을 활용하다
이용하다 (*n*. utility 공공설비   *n*. utilization 활용   *a*. utilitarian 실용적인)
We plan to utilize available resources more effectively.
우리는 이용 가능한 자원을 보다 효율적으로 활용할 계획이다.

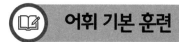

A 다음 설명에 해당하는 단어를 고르시오.

> ⓐ advocate ⓑ recover ⓒ forge ⓓ achieve ⓔ beat
> ⓕ boost ⓖ adopt ⓗ jeopardize ⓘ undertake ⓙ postpone

1 ( ) to succeed in doing something after a lot of effort

2 ( ) to start using a particular method or suggestion

3 ( ) to make something improve, increase, or become more successful

4 ( ) to publicly support something

5 ( ) to defeat somebody in a race, game, or election

6 ( ) to make illegal copy of documents or passport to cheat people

7 ( ) to risk spoiling or destroying something important

8 ( ) to change the time of a planned event to a later one

9 ( ) to get better again after being sick or injured

10 ( ) to agree that you are responsible for a project and do it

B 가장 어울리는 단어끼리 서로 짝지으시오.

1 address   ⓐ an invitation

2 extend   ⓑ makeup

3 apply   ⓒ a problem

4 decline   ⓓ a deadline

5 catch   ⓔ resources

6 utilize   ⓕ a doctor

7 consult   ⓖ a disease

C 빈칸에 가장 알맞은 단어를 보기에서 고르시오.

> ⓐ injured ⓑ recognized ⓒ accepted

1 He was accused of having _____ a bribe.
그는 뇌물을 받은 것으로 기소되었다.

2 Her parents were badly _____ in that plane crash.
그녀의 부모님은 그 비행기 추락사고로 크게 다쳤다.

3 After the severe financial crisis, the CEO _____ the need for change.
심각한 재정 위기를 겪은 후, CEO는 변화의 필요성을 인식했다.

D 문맥상 가장 어울리는 단어를 고르시오.

1   Our soccer team will (☐quarrel ☐compete ☐beat) against the Japanese team tomorrow. 우리 축구팀이 내일 일본 팀과 겨룬다.

2   The US started to (☐impose ☐import ☐affect) economic restrictions on that country. 미국은 그 나라에 경제적인 제재를 가하기 시작했다.

3   Let the doctor (☐take ☐administer ☐acquire) the drugs to me if necessary. 필요하다면, 의사가 저에게 약을 투여하게 해주세요.

4   The teacher helped Jane (☐win ☐present ☐overcome) her physical handicap. 교사는 제인이 신체적 장애를 극복할 수 있도록 도왔다.

5   The advertisement succeeded in (☐stimulating ☐conveying ☐supplementing) parents' interest. 광고는 학부모의 흥미를 자극하는 데 성공했다.

6   I plan to (☐challenge ☐facilitate ☐institute) a lawsuit against the company. 나는 그 회사를 법원에 제소할 생각이다.

7   This organization has (☐undergone ☐understood ☐monitored) enormous changes in recent years. 이 조직은 최근 들어 많은 변화를 겪었다.

8   The community is (☐transferring ☐favoring ☐soliciting) donations for the campaign to help the poor. 지역사회는 가난한 사람들을 돕기 위한 캠페인을 벌여 기부금을 모으고 있다.

9   The government has made several attempts to (☐revive ☐resume ☐retain) the economy. 정부는 경제 회생을 위한 시도를 몇 차례 했다.

10 It is known that parents' divorce significantly (☐raises ☐affects ☐facilitates) their children. 부모의 이혼이 아이들에게 심각한 영향을 끼친다고 알려져 있다.

Part I
Choose the option that best completes each dialogue.

1

A: Why is the politician in trouble?

B: They say he _____ a bribe.

(a) observed
(b) denied
(c) resolved
(d) accepted

2

A: Matt looks like he's limping.

B: He _____ himself while skiing.

(a) injured
(b) extended
(c) blocked
(d) conveyed

3

A: How much money are you aiming to collect?

B: I hope to _____ over $600 for the charity.

(a) raise
(b) stick
(c) catch
(d) adopt

4

A: I told Carl he looked nice today.

B: Well, that should _____ his self-esteem.

(a) cover
(b) reserve
(c) incur
(d) boost

5

A: What did the doctor tell you?

B: I have to _____ the drug myself twice daily.

(a) lounge
(b) administer
(c) revive
(d) consult

6

A: I'm not sure how to use this cream.

B: I can show you how to _____ it.

(a) apply
(b) imply
(c) reply
(d) supply

7

A: My term paper is full of spelling errors.

B: The professor said that won't _____ your grade.

(a) overcome
(b) favor
(c) affect
(d) supplement

8

A: How can I help you today?

B: I need to _____ some funds to my account.

(a) alert
(b) undertake
(c) impose
(d) transfer

9

It was a difficult game, but the Ravens _____ their opponent and won the tournament.

(a) hit
(b) beat
(c) shut
(d) kept

10

Plant and animal species evolve because they need to _____ to changes in their environment.

(a) migrate
(b) prescribe
(c) restore
(d) adapt

11

Early in his career, Abraham Lincoln _____ resolutions to end the practice of slavery in the US.

(a) recovered
(b) endorsed
(c) underwent
(d) forgave

12

Workers from the charity went door to door to _____ donations from the public.

(a) solicit
(b) address
(c) institute
(d) assume

13

Mr. Jackson was invited to speak at the event, but he _____ at the last minute.

(a) suspended
(b) declined
(c) resumed
(d) competed

14

The chemistry professor _____ the graduate student's findings, saying they were false.

(a) challenged
(b) indulged
(c) affirmed
(d) retained

15

The entrepreneur _____ the need for software that was easier to use and started a business to create it.

(a) postponed
(b) facilitated
(c) recognized
(d) jeopardized

16

Apparently, a maintenance worker discovered the gas leak while _____ air quality inside the factory.

(a) monitoring
(b) advocating
(c) stimulating
(d) referencing

UNIT

02 고빈도 명사

유형 리뷰 | 텝스 어휘 영역은 대체로 동사, 명사, 형용사의 의미와 쓰임새를 묻는 문항이 주를 이룬다. 앞서 동사와 마찬가지로 명사도 출제 빈도가 상당히 높다. 본 장에서는 텝스 시험에 자주 출제되는 고빈도 명사를 엄선하여 어구 단위로 제시했으니 명사의 의미에 유의하며 어구 단위로 익혀두자.

 Part II

Point 명사는 문장의 핵심 내용을 결정하는 기능을 하므로 그 기본적인 의미뿐만 아니라 다양한 의미와 그 쓰임까지 알아두면 다의어를 묻는 문제에서도 쉽게 답을 고를 수 있다.

Choose the option that best completes the sentence.

The meeting schedule is subject to change without prior _____.

(a) note   →   주석, 짧은 편지
(b) sign   →   신호, 표지
(c) memo   →   메모
(d) notice   →   통지

문제 풀이법 문맥상 빈칸에는 '통지, 예고'라는 뜻이 들어가야 하므로 답은 (d)이다.
be subject to ~의 영향을 받기 쉽다   prior 이전의, 앞선

번역 회의 일정은 사전 예고 없이 변경될 수 있다.

01 gain **access** to ~에 접속하다
1. (사람·장소·시스템 등에) 접속, 접근 2. (자료 등의) 입수 (*a*. accessible 접근하기 쉬운)
Only staff members are allowed to gain access to the system. 시스템 접속은 직원들에게만 허용되어 있다.

02 a variety of **accommodations** 다양한 숙소
1. (*pl.*) 숙박시설 2. 편의 (*v*. accommodate 숙박시키다; 수용하다)
The Garden Hotel offers a variety of accommodations to meet every taste.
저희 가든 호텔에서는 모든 고객의 취향에 맞는 다양한 숙소를 제공합니다.

03 place an **advertisement** 광고를 내다
classified advertisement (신문의) 항목별 광고 advertisement column 광고란
Our company placed an advertisement in the newspaper. 우리 회사는 그 신문에 광고를 냈다.

04 be high on the **agenda** 중대한 사안이다
사안, 의제 set the agenda 사안을 정하다
Economic reforms are high on the agenda at the moment. 경제 개혁은 현재 중대한 사안이다.

05 make an **allegation** 혐의를 주장하다
1. (근거가 불충분한) 주장, 혐의 2. (소송에서의) 진술(statement)
She made an allegation that the factory is responsible for polluting the river.
그녀는 그 공장이 강 오염에 책임이 있다고 주장했다.

06 make an **appointment** (만날) 약속을 잡다
1. (만날) 약속, 예약 keep an appointment (만날) 약속을 지키다 2. 임명, 지명
I made an appointment to consult my academic advisor this afternoon.
나는 오늘 오후에 지도 교수님과 상담 약속을 잡았다.

07 compelling **argument** 설득력 있는 주장
1. 주장, 논의 2. 언쟁, 논쟁 (*v*. argue 논하다 *a*. argumentative 논쟁적인)
The man made a compelling argument for the existence of God.
그 남자는 신의 존재에 대해 설득력 있는 주장을 펼쳤다.

08 hand in an **assignment** 과제를 제출하다
1. 과제 2. 할당(량); 임명(appointment) 3. (시일 등의) 지정
The student promised me she would hand in her assignment by next week.
그 학생은 다음 주까지 숙제를 제출하기로 나와 약속했다.

09 strike a **balance** 균형을 유지하다
1. 균형(↔ imbalance), 조화 2. (정서적인) 안정 3. (미지불) 금액, 잔고
It is not easy to strike a balance between work and family. 일과 가정을 조화롭게 유지하기란 쉽지 않다.

10 foot the **bill** for 계산서를 부담하다
1. 계산서, 청구서 2. 법안(proposal) 3. 지폐
The insurance company has to foot the bill for all the repairs. 보험회사가 모든 수리 비용을 부담해야 한다.

11 take a **break** 휴식시간을 갖다

1. (수업 · 일 등의) 휴식시간　2. 파손; 균열　3. 단절; 중단
Why don't you take a break for 10 minutes? 10분만 쉬었다 하는 게 어때?

12 huge **capital** 막대한 자본

1. 자본, 자산　2. 수도; (산업 · 문화 등의) 중심지　3. 대문자
There were huge capital flows to the online game industry. 온라인 게임업계로 막대한 자본이 유입되었다.

13 exercise **caution** 주의하다

1. 주의(attention), 조심　2. 경고(warning)
We should exercise extreme caution in driving at night. 밤에 운전할 때는 특별히 주의해야 한다.

14 improve blood **circulation** 혈액 순환을 개선하다

1. (혈액 · 정보의) 순환　2. 유통　*cf.* cycle (주기적인) 순환　rotation (정기적인) 순환
This medicine is designed to improve blood circulation. 이 약은 혈액 순환 개선제이다.

15 a chain of **command** 지휘 계통

1. 지휘, 명령(order)　2. 언어 구사력　3. 전망, 조망
In an effort to increase its efficiency, the company simplified the chain of command.
업무 효율을 높이기 위해 회사는 지휘 계통을 단순화했다.

16 reach a **consensus** 합의에 이르다

1. 합의; 여론　general consensus 일반적인 여론　2. 교감
The committee didn't reach a consensus on that issue. 위원회는 그 안건에 대해 합의에 이르지 못했다.

17 sign a **contract** 계약을 체결하다

1. 계약, 계약서　break a contract 계약을 어기다
The writer signed a contract with the new publisher. 그 작가는 신생 출판사와 계약을 체결했다.

18 hear a **crash** 충돌 소리를 듣다

1. (추락 · 충돌) 굉음; 사고　2. (가격) 폭락
I heard a huge crash in the middle of the night. 한밤중에 엄청난 굉음을 들었다.

19 strict **criteria** 엄격한 기준

criterion (판단 · 평가 등의) 기준, 표준 (criteria는 복수형)
cf. 비슷한 형태의 단수 – 복수를 갖는 어휘
medium(매체) – media, phenomenon(현상) – phenomena, datum(자료) – data
The government set strict criteria for giving a research grant.
정부는 연구 보조금 지급에 대한 엄격한 기준을 마련했다.

20 go through **customs** 세관을 통과하다

1. (*pl.*) 세관; 통관 수속　2. (집단의) 관습, 풍습
Transit passengers don't have to go through customs. 갈아타는 승객들은 세관을 통과할 필요가 없다.

21 rigid **dichotomy** 엄격한 이분법

1. (논리 · 철학 등의) 이분법⟨between⟩　2. (천문) 반달
People tend to look upon the world as a rigid dichotomy between good and evil.
사람들은 세상을 선과 악이라는 엄격한 이분법적 시각으로 보는 경향이 있다.

22 resolve a **dispute** 분쟁을 해결하다

1. 분쟁; 싸움(quarrel) 2. (감정적인) 논쟁(argument)

The veterans of the world of politics tried to resolve the dispute.

정계의 원로들이 분쟁을 해결하기 위해 애썼다.

23 have an **effect** on ~에 영향을 끼치다

1. 영향; (약 등의) 효능, 효과 side effect 부작용 2. 결과(consequence)

That TV program really had an adverse effect on children.

그 TV프로그램은 아이들에게 확실히 악영향을 끼쳤다.

24 top **executive** 고위 간부

1. (회사의) 임원, 경영진 CEO(Chief Executive Officer) 최고경영자 2. (정부의) 행정부

He was invited to the dinner party for the company's top executives.

그는 회사의 고위 임원들을 위한 저녁 파티에 초대받았다.

25 the key **factor** in success 성공의 핵심 요인

요인, 요소(element) risk factor 위험 요소

Strategic thinking and planning skills are the key factors in my success.

전략적 사고와 기획력이 내 성공의 핵심 요인이다.

26 late **fee** 연체 요금

1. (전문직 서비스에 대한) 수수료 a patent fee 특허료 2. 요금 an admission fee 입장료

I paid the late fee because I had missed the due date. 납부 기한을 넘겨서 연체료를 물었다.

27 a key **figure** 핵심 인물

1. (중요한) 인물 2. 숫자; (pl.) 수치 3. 형태

She was a key figure in the educational reform movement. 그녀는 교육 개혁 운동의 핵심 인물이었다.

28 draw an **inference** 추론하다

추론; 추정 (v. infer 추론하다 a. inferential 추론의)

Readers draw inferences using the clues in the text. 독자는 텍스트의 단서를 이용해서 추론한다.

29 vital **ingredient** 핵심 요소

1. 요소 an essential/ important ingredient 필수/ 중요 요소 2. (혼합물의) 성분; 재료

Romance is a vital ingredient in the relationship between a man and a woman.

로맨스는 남녀관계에 있어 핵심 요소이다.

30 a strong **likelihood** 높은 가능성

가능성, 가망(probability) (a. likely ~할 것 같은 ad. likewise 마찬가지로)

There is a strong likelihood that the President will step down sooner or later.

대통령이 조만간 직책에서 물러날 가능성이 농후하다.

31 set a **limit** 한계를 정하다

1. 한도, 한계(선); 제한 impose a limit 제한을 두다 2. (pl.) (영토 · 구역 등의) 경계; 범위

They set a limit on how much money they would spend on shopping.

그들은 쇼핑에 돈을 얼마나 지출할 것인지 그 한도를 정했다.

32 a **myriad** of possibilities 가능성의 무한함

무수함; 셀 수 없을 만큼 많은 수의 사람이나 사물 a myriad of stars 무수한 별
These findings open up a myriad of possibilities for future research into brain.
이번 연구 결과는 향후 뇌 연구의 수많은 가능성을 열어준다.

33 affect the **negotiations** 협상에 영향을 미치다

협상, 교섭 (v. negotiate 협상하다 v. renegotiate 재교섭하다)
Negotiators' emotions sometimes affect the negotiations.
협상당사자들의 감정이 때때로 협상에 영향을 주기도 한다.

34 **performance** objectives 성과 목표

1. 성과, 실적 2. 실행 3. 공연 (v. perform 수행하다; 공연하다 v. outperform 능가하다)
Our team manager devoted himself to achieving our performance objectives.
팀장은 우리의 성과 목표를 달성하기 위해 전념했다.

35 take the **precaution** of ~의 예방 조치를 취하다

조심; 예방 조치(preventive measures) (a. precautious 조심하는 n. caution 주의)
We should take the precaution of looking both ways before crossing the street.
길을 건너기 전에는 양쪽을 살피는 예방 조치를 취해야 한다.

36 under the **pretense** of ~로 가장하여

1. 위장, 가장 2. 핑계(pretext) (v. pretend ~인 체하다 a. pretentious 자만하는)
He approached the patient under the pretense of being the doctor.
그는 의사로 가장해서 그 환자에게 접근했다.

37 a top **priority** 최우선권

1. (중요도 측면에서) 상위, 우선 2. (시간적으로) 앞, 우위
Children's education is a top priority for most parents today.
오늘날 대부분의 부모들에게 최대 관심사는 자녀 교육이다.

38 have the **privilege** of 특권을 갖다

1. 특권 2. (특별한) 혜택(benefit) 3. (공직자의) 면책 특권
The publisher had the privilege of signing a contract with the writer.
출판사는 그 작가와 계약을 체결하는 특권을 누렸다.

39 outline the **procedures** 절차를 대략적으로 설명하다

1. 절차; 수속 2. 경과, 진행 (v. proceed 나아가다 n. process 과정, 공정)
This document outlines the procedures of the company's benefits package.
이 서류에는 회사의 복리 후생 제도 절차가 대략적으로 나와 있다.

40 be overlooked for **promotion** 승진에서 제외되다

1. 승진 prospects for promotion 승진 가능성 2. 촉진, 장려 3. 판촉(상품)
We couldn't understand why he was repeatedly overlooked for promotion.
승진에서 그가 계속 제외되는 이유를 이해할 수 없었다.

41 put forth a **proposal** 제안하다

1. 제안, 건의 2. 신청 3. 청혼 (v. propose 제안하다 n. proposition 명제)
The party put forth a proposal for strengthening cyber security.
그 정당은 인터넷 상에서 보안을 강화하기 위한 제안을 내놓았다.

(42) demand a **refund** 환불을 요구하다

환불, 상환 receive a full refund 전액을 환불받다

Only a few customers know that they have the right to demand a refund.
환불을 요구할 권리가 있다는 사실을 아는 고객은 소수에 불과하다.

(43) **relief** supplies 구호 물품

1. (난민 등의) 구조, 원조   2. (고통·근심 등의) 경감, 완화 pain relief 통증 완화

The government provided the victims of floods with relief supplies.
정부는 수재민에게 구호 물품을 제공했다.

(44) make a **reservation** 예약하다

1. (좌석·방·티켓 등의) 예약   2. 보류   3. 자연 보호 구역

I would like to make a reservation for Jeju. 제주도행 티켓을 예매하고 싶은데요.

(45) pay **respect** to ~에게 경의를 표하다

1. 경의; 존중   2. 관련   3. 고려; 점(point) in this respect 이 점에 있어서는

We paid respect to the old man's endless efforts. 우리는 그 노인의 끊임없는 노력에 경의를 표했다.

(46) meet a **standard** 기준을 충족시키다

1. 표준, 기준 improve[lower] standards 기준을 향상시키다[낮추다]   2. 모범   3. (등급) 보통

The government must supply the people with clean water that meets health standards.
정부는 국민들에게 보건 기준을 충족시키는 깨끗한 물을 공급해야 한다.

(47) go on **strike** 파업을 벌이다

1. 파업, 노동쟁의 a general strike 총파업   2. 타격; (~에 대한) 공격

The majority of union members voted for going on strike. 대다수 노조원들이 파업에 찬성했다.

(48) **summit** meeting 정상 회담

1. (국가의) 정상, 수뇌   2. (산의) 꼭대기, 정상   3. 정점, 절정

The summit meeting will be held in Seoul next month. 다음 달에 서울에서 정상 회담이 열린다.

(49) a common **symptom** 흔한 증상

1. (의학) 증상, 증후 withdrawal symptom 금단 증상   2. 징후, 징조

What is the most common symptom of lung cancer? 폐암의 가장 흔한 증상은 무엇입니까?

(50) **tariffs** on imports 수입품에 대한 관세

1. 관세   2. 세율 cf. tariff (자국의 보호 장치로서의) 관세 customs (반입 물품에 대한) 세관 levy 부과세

The country demanded lowering tariffs on agricultural imports.
그 나라는 수입 농산물에 대한 관세를 낮출 것을 요구했다.

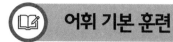

A 다음 설명에 해당하는 단어를 고르시오.

> ⓐ priority　　ⓑ capital　　ⓒ figure　　ⓓ allegation　　ⓔ dispute
> ⓕ caution　　ⓖ symptom　　ⓗ assignment　　ⓘ privilege　　ⓙ negotiation

1 (　　) money or property that is especially used to start a business

2 (　　) a public statement that someone has done something wrong or illegal without giving proof

3 (　　) a piece of work that you must do, usually as part of your job or studies

4 (　　) great care that you take in order to avoid danger or risks

5 (　　) a serious argument or a disagreement between groups of people

6 (　　) someone who is famous or important in some way

7 (　　) official discussion in which people try to reach an agreement

8 (　　) something that is most important and must be dealt with first

9 (　　) a special benefit that a particular person or group has

10 (　　) a sign that you have a particular illness

B 가장 어울리는 단어끼리 서로 짝지으시오.

1　sign　　　　　　　　ⓐ standards

2　meet　　　　　　　　ⓑ a consensus

3　hand in　　　　　　　ⓒ an assignment

4　draw　　　　　　　　ⓓ a break

5　reach　　　　　　　　ⓔ a balance

6　take　　　　　　　　ⓕ an inference

7　strike　　　　　　　　ⓖ a contract

C 빈칸에 가장 알맞은 단어를 보기에서 고르시오.

> ⓐ bill　　　　ⓑ access　　　　ⓒ accommodations

1　He allowed the researchers to gain _____ to the system.
그는 연구자들이 그 시스템에 접속하는 것을 허락했다.

2　They provide _____ for small groups of tourists.
그들은 소규모 여행객을 위한 숙소를 제공한다.

3　My husband is going to foot the _____ for dinner.
남편이 저녁 식사를 계산할 거라고 한다.

144

D 문맥상 가장 어울리는 단어를 고르시오.

1 The welfare policy is now back high on the political (☐agenda ☐command ☐bill).
지금은 복지 정책이 다시 정치적으로 중대한 사안이 되고 있다.

2 I'm calling to make an (☐allegation ☐appointment ☐assignment) with a doctor.
진료 예약을 하려고 전화드렸습니다.

3 It is easier than you think to improve blood (☐rotation ☐change ☐circulation).
혈액순환을 개선하는 것은 생각보다 더 쉽다.

4 The company set strict (☐criteria ☐criticism ☐crime) for buying raw materials.
회사는 원자재를 매입하는 데 엄격한 기준을 세웠다.

5 The sleeping pills had an instant (☐affect ☐result ☐effect) on me.
수면제는 나에게 즉각적인 효과가 있었다.

6 If you don't meet the deadline, you must pay a late (☐charge ☐fee ☐fare).
납부 마감일을 지키지 못하면 연체료를 물어야 한다.

7 Diligence and patience are the vital (☐attitudes ☐behaviors ☐ingredients) leading
to success. 근면과 인내는 성공으로 이끌어 주는 핵심 요소이다.

8 The union leaders decided to go on (☐strike ☐fight ☐quarrel) for higher wages.
노조 지도부는 임금 인상을 위해 파업에 돌입하기로 결의했다.

9 He entered the main building under the (☐influence ☐pretense ☐protection) of
being an employee. 그는 직원으로 가장하고 본관에 들어갔다.

10 You may find it difficult to set (☐result ☐working ☐performance) objectives.
성과 목표를 정하는 것이 어렵게 느껴질 수도 있다.

정답 **A** 1. ⓑ 2. ⓓ 3. ⓗ 4. ⓕ 5. ⓔ 6. ⓒ 7. ⓙ 8. ⓐ 9. ⓘ 10. ⓖ
　　　B 1. ⓖ 2. ⓐ 3. ⓒ 4. ⓕ 5. ⓑ 6. ⓓ 7. ⓔ
　　　C 1. ⓑ 2. ⓒ 3. ⓐ
　　　D 1. agenda　　2. appointment　　3. circulation　4. criteria　　5. effect
　　　　　 6. fee　　　　7. ingredients　　8. strike　　　9. pretense　　10. performance

Part I
Choose the option that best completes each dialogue.

1

A: My route will take me through the storm.

B: Please drive with extra _____.

(a) caution

(b) privilege

(c) pleasure

(d) factor

2

A: Why are all the workers leaving?

B: I think they're going on _____.

(a) effect

(b) strike

(c) shift

(d) crash

3

A: Our meeting is at 4:30, right?

B: That's correct, according to the _____.

(a) bill

(b) priority

(c) agenda

(d) survey

4

A: Congratulations on closing the deal!

B: But they haven't signed the _____ yet.

(a) format

(b) standard

(c) contract

(d) edition

5

A: That was the most uncomfortable flight I've ever been on.

B: Yes, it's a pity we can't get a _____.

(a) refund

(b) consensus

(c) limit

(d) balance

6

A: Will you come dancing with us tonight?

B: Sorry, I have a(n) _____ due tomorrow morning.

(a) procedure

(b) assignment

(c) fee

(d) date

7

A: My head hurts and I'm running a temperature.

B: Those are common _____ of the flu.

(a) tariffs

(b) promotions

(c) symptoms

(d) figures

8

A: I picked up my luggage—now what?

B: You have to go through _____.

(a) crowds

(b) fines

(c) customs

(d) rules

Part II
Choose the option that best completes each sentence.

9

Modern travelers have a _____ of options when it comes to choosing an airline.

(a) destination
(b) myriad
(c) responsibility
(d) dispute

10

Several top _____ from Landster Manufacturing have been charged with stealing money from the company.

(a) intervals
(b) foundations
(c) executives
(d) appointments

11

Following the devastating earthquake in China, _____ supplies were flown in from around the world.

(a) criteria
(b) package
(c) ingredient
(d) relief

12

Leaders from the world's wealthiest nations will attend the _____ meeting on climate change tomorrow.

(a) definition
(b) summit
(c) performance
(d) recess

13

The *Hartford Daily Times* charges around $500 to place a(n) _____ on the paper's front page.

(a) advertisement
(b) precaution
(c) inference
(d) requirement

14

The solider broke the chain of _____ by reporting the problem directly to the colonel.

(a) command
(b) pretense
(c) allegation
(d) maintenance

15

Thousands of people pay _____ to the nation's war heroes each year by visiting the military cemetery.

(a) profit
(b) defense
(c) assistance
(d) respect

16

Most scientists believe there is a strong _____ that the experiment will be successful.

(a) reluctance
(b) proposal
(c) likelihood
(d) circulation

03 고빈도 형용사

유형 리뷰 | 텝스 어휘 영역에서 형용사는 동사, 명사와 더불어 그 빈도가 상당히 높다. 본 장에서는 텝스 고빈도 형용사를 명사나 부사와 함께 자주 쓰이는 어구 단위로 제시했으니 덩어리째 암기해 보자.

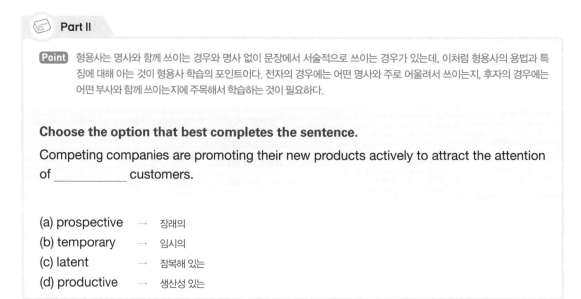

Part II

Point 형용사는 명사와 함께 쓰이는 경우와 명사 없이 문장에서 서술적으로 쓰이는 경우가 있는데, 이처럼 형용사의 용법과 특징에 대해 아는 것이 형용사 학습의 포인트이다. 전자의 경우에는 어떤 명사와 주로 어울려서 쓰이는지, 후자의 경우에는 어떤 부사와 함께 쓰이는지에 주목해서 학습하는 것이 필요하다.

Choose the option that best completes the sentence.

Competing companies are promoting their new products actively to attract the attention of _____ customers.

(a) prospective → 장래의
(b) temporary → 임시의
(c) latent → 잠복해 있는
(d) productive → 생산성 있는

문제 풀이법 문맥상 '잠재 고객'이 되어야 하므로 빈칸에는 '장래의, 유망한'을 뜻하는 (a) prospective가 적합하다.

번역 경쟁사들이 잠재 고객의 관심을 끌기 위해 신제품을 적극 홍보하고 있다.

빈출 어휘 훈련

01 **abundant** elements 풍부한 원소
풍부한; (자원이) 많은〈in〉 (*v.* abound 풍족하다 *n.* abundance 풍부 *ad.* abundantly 풍부하게)
Silicon is one of the most abundant elements in nature.
실리콘은 자연계에 존재하는 가장 풍부한 원소 가운데 하나이다.

02 **alternative** medicine 대체 의학
1. 대체의 2. 양자택일의 (*ad.* alternatively 양자택일로 *ad.* alternately 교대로)
Acupuncture is rapidly growing in the alternative medicine field.
침술은 대체 의학 분야에서 급격히 성장하고 있다.

03 **ancient** artifacts 고대의 유물
1. 고대의 (↔ modern 현대의) 2. 오래된 an ancient tradition 오래된 전통
They discovered lots of ancient artifacts in the region. 그들은 그 지역에서 수많은 고대 유물을 발견했다.

04 **available** online 온라인으로 이용 가능한
1. 이용 가능한 2. 접속할 수 있는 3. 시간이 있는
The statistics presented in the article are available online. 기사에 제시된 통계 자료는 온라인에서 볼 수 있다.

05 **blatant** lie 뻔한 거짓말
1. 뻔한 2. 노골적인; 뻔뻔스러운 3. 떠들썩한
The President told a blatant lie at the press conference. 대통령은 기자 회견에서 뻔한 거짓말을 했다.

06 **candid** opinion 솔직한 의견
1. 솔직한(frank); 거리낌 없는(outspoken) 2. 공평한(impartial)
The interviewee told the interviewer her candid opinion. 면접자는 면접관에게 자신의 솔직한 의견을 말했다.

07 huge **commercial** success 엄청난 상업적 성공
1. 상업적인; 영리적인 2. 교역의 (*v.* commerce 교제하다 *v.* commercialize 상업화하다)
His book was a huge commercial success. 그의 책은 상업적으로 큰 성공을 거두었다.

08 **compatible** with ~와 양립할 수 있는
1. 양립할 수 있는〈with〉 2. (컴퓨터) 호환 가능한
The new system is not compatible with the existing policy.
새로 도입된 제도는 기존 정책과 양립할 수 없다.

09 **confidential** documents 기밀 문서
1. 기밀의 2. 신임하는 (*n.* confidence 비밀; 신임; 자신 *v.* confide 신임하다)
The great scandal arose from the leaking of the confidential documents.
그 엄청난 스캔들은 기밀 문서가 유출된 것에서 촉발되었다.

10 **contemporary** issues 당대의 이슈
1. 당대의 2. 같은 시대의 3. 동시에 발생한(simultaneous)
The website covers contemporary issues like drug addiction, abortion, and gambling.
그 웹사이트는 약물 중독, 낙태, 도박과 같은 현안들을 다룬다.

11 **controversial** verdict 논란이 되는 판결

논란의 여지가 있는; 물의를 일으키는 controversial figure 논란이 되는 인물
It was one of the most controversial verdicts since 2019.
그것은 2019년 이래로 가장 논란이 되는 판결 중의 하나였다.

12 **chronic** disease 만성 질환

1. (병이) 만성의 (↔ acute 급성의) 2. 고질적인 a chronic shortage of food 고질적인 식량난
The famous actress died of a chronic disease. 그 유명한 여배우는 지병으로 별세했다.

13 **core** value 핵심 가치

가장 중요한, 핵심적인 core business 주력 사업
All employees are required to memorize the core values of the organization.
전 사원들은 조직의 핵심 가치를 암기해야 한다.

14 **cutting-edge** facilities 최첨단 설비

(기술 등이) 최첨단의 cutting-edge technology 최첨단 기술
The university is famous for having cutting-edge facilities. 그 대학은 최첨단 설비를 갖춘 것으로 유명하다.

15 **diplomatic** ties with ~와의 외교 관계

외교의; 외교관의 (n. diplomat 외교관 n. diplomacy 외교)
All they want is to cut diplomatic ties with Israel.
이스라엘과의 외교 관계를 단절하는 것이 그들이 원하는 전부이다.

16 remain **dormant** 활동을 중지한 채로 있다

1. 활동하지 않고 있는 (↔ active) a dormant volcano 휴화산 2. 잠복 중인(latent)
That virus is reported to remain dormant for up to 10 years.
그 바이러스는 10년 동안이나 잠복해 있을 수 있다고 보도되었다.

17 mutually **exclusive** 상호 배타적인

1. 배타적인 2. 독점적인 an exclusive contract 독점계약 3. (호텔 등이) 고급의; 회원제의
Two events are mutually exclusive if they can't happen simultaneously.
두 개의 일이 동시에 일어날 수 없으면 그것들은 상호 배타적인 것이다.

18 **feasible** plan 실현 가능한 계획

1. 실현 가능한 (possible, practicable) 2. 그럴듯한(likely)
Surprisingly, a new employee came up with a feasible plan.
놀랍게도 한 신입사원이 실현 가능한 계획을 생각해냈다.

19 **fertile** soil 비옥한 토양

1. (토지가) 비옥한 (↔ barren 불모의) 2. 다산의 3. 상상력이 풍부한
Through their sustained efforts, they finally made the barren soil fertile.
그들의 한결같은 노력으로 마침내 불모지가 비옥한 토양으로 바뀌었다.

20 **frivolous** matter 사소한 문제

1. 사소한(trivial) 2. 어리석은(silly) 3. 경솔한
Throwing eggs at the former President is not a frivolous matter.
전직 대통령에게 계란을 투척한 행위는 사소한 문제가 아니다.

21 **fundamental** principle 근본적인 원칙

1. 근본적인, 기본의(basic)   2. 중요한, 필수적인(essential)
The fundamental principle of physics is very simple.   물리학의 근본 원리는 아주 간단하다.

22 **futile** argument 헛된 논쟁

1. 헛된(unsuccessful), 쓸데없는(useless); 무익한   2. 하찮은, 시시한
The politician got involved in a futile argument with his opponents.
그 정치인은 반대자들과 헛된 논쟁에 휘말렸다.

23 **hostile** environment 불리한 환경

1. (환경·기후 등이) 불리한, 부적당한   2. 적대적인   3. 반대하는〈to〉
It is never easy to work in such a hostile environment.   그렇게 불리한 환경에서 일하는 것은 결코 쉽지 않다.

24 **immediate** reaction 즉각적인 반응

1. 즉각적인   2. 직접의(direct)   3. 당면한; 친밀한
Her immediate reaction to the news was to burst into tears.
그 소식을 듣자마자 그녀는 갑자기 울음을 터뜨렸다.

25 **impartial** judge 공명정대한 재판관

공명정대한(fair); (판단 등이) 공평한, 편견이 없는
His future dream is to become an impartial judge.   그의 장래 희망은 공명정대한 판사가 되는 것이다.

26 **interim** government 과도 정부

임시의(temporary); 잠정의; 중간의   an interim report 중간 보고
Iraq established an interim government after the war.   이라크는 전쟁 이후 과도 정부를 수립했다.

27 **interpersonal** relationships 대인관계

대인관계의   interpersonal skills 대인관계 기술
He was not good at forming interpersonal relationships at work.
그는 직장에서 대인관계를 잘 맺지 못했다.

28 **lucrative** industries 수익성 좋은 산업

수익성이 좋은(profitable)   a lucrative business[deal] 수익성 좋은 사업[유리한 거래]
What is the most lucrative industry in the global market?   세계 시장에서 가장 수익성 좋은 산업은 무엇인가?

29 **mechanical** defects 기계적 결함

1. 기계상의, 기계장치의   2. 기계적인, 자동적인   (n. machine 기계   n. machinery 기계류)
The car accident happened because of the mechanical defects.
교통사고는 기계 결함 때문에 일어났다.

30 **obsolete** method 진부한 방식

1. 진부한; 시대에 뒤진(outdated)   2. 쓸모 없어진   3. 마모된
The company is looking for a substitute for the obsolete method.
회사는 그 진부한 방식을 대체할 만한 것을 찾고 있다.

31 **overt** prejudice 노골적인 편견

1. 노골적인; 공공연한 (↔ covert 암암리의) 2. (증거 등이) 명백한
Racists still show overt prejudice toward Asians.
인종차별주의자들은 여전히 아시아인들에 대한 노골적인 편견을 드러낸다.

32 **patent** lawyer 특허 변호사

1. (법률가 등이) 특허를 다루는; 특허의 2. 명백한(evident)
Patent lawyers generally provide legal advice to manufacturers of products.
특허 전문 변호사들은 대체로 상품 제조업자들에게 법률 자문을 해준다.

33 **preeminent** figure 뛰어난 인물

1. 뛰어난 2. 현저한 (n. preeminence 탁월함 ad. preeminently 현저하게 n. eminence 명성)
His grandfather was one of the most preeminent figures in this field.
그의 할아버지는 이 분야에서 가장 뛰어난 인물 가운데 한 명이었다.

34 **preliminary** meeting 예비 회담

1. 예비의 a preliminary hearing (법률) 예심 2. 서문의 preliminary remarks 머리말
They held a preliminary meeting to simplify the review process.
그들은 검토 과정을 단순화하기 위해 예비 회담을 열었다.

35 **prestigious** university 일류 대학

일류의, 훌륭한 a prestigious literary prize 권위 있는 문학상
My teacher graduated from a prestigious university. 우리 선생님은 명문대 출신이다.

36 **previous** engagement 이전의 약속

(시간적으로) 이전의(prior) previous criminal record 전과
I'm sorry, but I have a previous engagement today. 죄송합니다만 오늘은 선약이 있습니다.

37 without **prior** notice 사전 예고 없이

1. (시간·순서가) 이전의, 앞의 2. 중요한; 우선하는〈to〉
The schedule is subject to change without prior notice. 스케줄은 사전 공지 없이 변경될 수 있다.

38 **prospective** customers 예상 고객

예상되는; 장래의 (ad. prospectively 장래에 관해 n. prospect 전망)
The department store keeps a list of prospective customers. 그 백화점은 잠재 고객 리스트를 갖고 있다.

39 highly **qualified** 충분히 자격을 갖춘

자격을 갖춘, 적임의(fit); 유능한(competent)
The company attracted highly qualified employees by offering higher salaries.
회사는 보다 높은 급여를 제공해서 우수한 인재들을 끌어들였다.

40 **rudimentary** stage 기초 단계

1. 기초적인, 초보의(elementary) 2. (생물) 흔적의 a rudimentary organ 흔적 기관
The agriculture in those days was still in the rudimentary stage.
그 당시의 농업은 여전히 초보적인 단계에 머물러 있었다.

41 **salient** features 두드러진 특징

두드러진, 현저한(outstanding, remarkable, noticeable)
This picture illustrates some of the salient features of Indian culture.
이 그림은 인도 문화의 두드러진 특징 중 일부를 보여준다.

42 **strict** rule 엄격한 규칙

1. 엄격한   2. 정확한(exact, accurate)
The hospital has a strict rule about visiting hours.   그 병원은 면회 시간에 대한 엄격한 규칙이 있다.

43 **striking** difference 뚜렷한 차이

1. 뚜렷한, 현저한   striking contrast 뚜렷한 대조   2. 이목을 끄는
Vivid colors are the most striking difference between the two pictures.
두 그림 사이의 가장 뚜렷한 차이는 선명한 색상이다.

44 at a **superficial** level 피상적인 차원에서는

1. 피상적인; 천박한   2. 외견상, 표면상   (ad. superficially 피상적으로; 천박하게)
The issue was covered only at a superficial level, not in appropriate depth.
그 안건은 적절히 심도 있게 다뤄지지 못하고 피상적인 차원에서만 다뤄졌다.

45 **tangible** evidence 확실한 증거

1. (근거 · 사실 등이) 확실한(definite)   2. 만져서 알 수 있는; 유형의
They lost the case because they didn't have tangible evidence.
그들은 확실한 물증이 없었기 때문에 패소했다.

46 **tentative** conclusion 잠정적인 결론

1. 잠정적인   a tentative theory 가설   2. 자신 없는, 망설이는
Both parties arrived at a tentative conclusion in the end.   양측은 마침내 잠정적인 결론에 도달했다.

47 deeply **touched** 매우 감동받은

1. 감동받은   2. 약간 미친; 노망한
I was deeply touched by her continued concern and kindness.
그녀가 내게 보여준 한결같은 관심과 친절에 깊이 감동했다.

48 by a **unanimous** vote 만장일치의 투표로

1. 만장일치의   2. 합의의, 찬성하는
The proposal was adopted by a unanimous vote.   그 제안은 만장일치로 채택되었다.

49 **unprecedented** event 전대미문의 사건

전대미문의, 유례없는; 비할 바 없는; 새로운
The shooting incident was an unprecedented and tragic event.
그 총기 난사 사건은 전례 없는 비극적인 사건이었다.

50 **vivid** memory 생생한 기억

1. (기억 · 묘사 등이) 생생한   2. (색상이) 선명한   3. (성격이) 발랄한
She still has vivid memories of the time we lived together.
그녀는 우리가 함께 살았던 시절을 아직도 생생하게 기억한다.

A 다음 설명에 해당하는 단어를 고르시오.

ⓐ dormant	ⓑ obsolete	ⓒ prior	ⓓ controversial	ⓔ vivid
ⓕ strict	ⓖ compatible	ⓗ feasible	ⓘ qualified	ⓙ prospective

1 (　　) demanding that rules must be obeyed completely

2 (　　) expected to become a particular thing or to do something

3 (　　) happening or done before a particular time or before something else

4 (　　) possible and likely to be done or achieved

5 (　　) causing a lot of discussion or disagreement

6 (　　) able to exist, work, or be used together without causing problems

7 (　　) producing very clear, powerful, and detailed images in the mind

8 (　　) not active or growing now but may be active later

9 (　　) having skills or experience in order to do a particular job

10 (　　) no longer used because something newer has been invented

B 가장 어울리는 단어끼리 서로 짝지으시오.

1	alternative	ⓐ	lie
2	blatant	ⓑ	medicine
3	candid	ⓒ	documents
4	confidential	ⓓ	opinion
5	interim	ⓔ	difference
6	striking	ⓕ	government
7	tentative	ⓖ	conclusion

C 빈칸에 가장 알맞은 단어를 보기에서 고르시오.

ⓐ touched	ⓑ unanimous	ⓒ tangible

1 The bill was passed by a(n) _____ vote.
그 법안은 만장일치로 통과되었다.

2 I was deeply _____ by his speech.
나는 그의 연설에 깊이 감명받았다.

3 It is essential to provide _____ evidence in order to prove his guilt.
그가 유죄라는 것을 입증하기 위해서는 확실한 물증을 제시하는 게 필요하다.

D 문맥상 가장 어울리는 단어를 고르시오.

1 A trade war broke out on a scale (☐unprecedented ☐unknown ☐understood) in human history. 무역 전쟁이 인류 역사상 유례없는 규모로 일어났다.

2 I have a (☐confidential ☐previous ☐salient) engagement on that day.
그날은 선약이 있습니다.

3 She became famous overnight because of her book's huge (☐lucrative ☐immediate ☐commercial) success.
그녀가 쓴 책이 상업적으로 엄청난 성공을 거두면서 하루 아침에 유명해졌다.

4 The insects have survived even in the most (☐hostile ☐futile ☐fertile) environment.
그 곤충은 가장 유해한 환경에서조차 살아남았다.

5 Protecting the environment and job growth is not mutually (☐opposite ☐exclusive ☐compatible). 환경보호와 고용 성장은 상호 배타적이지 않다.

6 He wrote a paper on (☐present ☐core ☐contemporary) issues such as gambling, abortion, and TV violence. 그는 도박, 낙태, TV 폭력과 같은 현안에 대해서 리포트를 썼다.

7 North Korea established (☐diplomatic ☐compatible ☐touched) ties with that country. 북한은 그 나라와 외교관계를 수립했다.

8 The university offered the scientists its (☐mechanical ☐cutting-edge ☐qualified) facilities. 그 대학은 과학자들에게 최첨단 시설을 제공했다.

9 Her knowledge of the language still remains in the (☐previous ☐obsolete ☐rudimentary) stage. 그녀의 언어 지식은 여전히 초보 단계에 머물러 있다.

10 The business proved to have been highly (☐lucrative ☐fundamental ☐feasible).
그 사업은 상당히 수익성이 좋았던 것으로 판명되었다.

텝스 어휘 집중 공략

Part I
Choose the option that best completes each dialogue.

1

A: I really love your art.
B: I hope that's your _____ opinion.

(a) appropriate
(b) candid
(c) lucrative
(d) vivid

2

A: Do you have the product manual?
B: No, but there's one _____ online.

(a) seated
(b) available
(c) impartial
(d) secondary

3

A: Why don't you like Sandy?
B: Her _____ prejudices really offend me.

(a) exclusive
(b) overt
(c) feasible
(d) alternative

4

A: I think your flight's been delayed.
B: Yes, the plane is having _____ trouble.

(a) commercial
(b) frivolous
(c) regional
(d) mechanical

5

A: How many employees does your agency have?
B: I'm sorry, but that information is _____.

(a) confidential
(b) rudimentary
(c) hostile
(d) remorseful

6

A: I feel we should hire Kevin.
B: It's obvious that he's highly _____.

(a) qualified
(b) captivated
(c) suggested
(d) designed

7

A: Your wife went to Brown University, didn't she?
B: Yes, it's a very _____ school.

(a) prestigious
(b) chronic
(c) fundamental
(d) tentative

8

A: Henry really helped you out.
B: I was so deeply _____ by his kindness.

(a) arranged
(b) patented
(c) touched
(d) amassed

Part II
Choose the option that best completes each sentence.

9

The region's _____ soil makes it the perfect place to grow crops and live off the land.

(a) blatant
(b) fertile
(c) alluded
(d) consumable

10

The rebels set up a(n) _____ government after they succeeded in overthrowing the dictator.

(a) stationary
(b) unanimous
(c) interim
(d) prior

11

Professor Carter has a reputation for being very _____ but also very fair.

(a) avid
(b) abundant
(c) controlled
(d) strict

12

Experts admit that they have no idea how much longer the volcano will remain _____.

(a) obsolete
(b) instantaneous
(c) explicit
(d) dormant

13

Ian's Groceries is having a big weekend sale in order to attract _____ customers.

(a) improbable
(b) futile
(c) prospective
(d) simplistic

14

News Today is the best website for those interested in reading about _____ issues.

(a) emphatic
(b) contemporary
(c) preliminary
(d) superficial

15

Without any _____ evidence, the police were unable to prove that the suspect committed the crime.

(a) controversial
(b) pious
(c) impersonal
(d) tangible

16

The President's speech provoked a(n) _____ reaction from the opposition party in Congress.

(a) curved
(b) immediate
(c) preeminent
(d) absolute

III

NEW TEPS
실전 모의고사

Actual Test **1**

Actual Test **2**

Actual Test **3**

Grammar

Part I **Questions 1—10**

Choose the option that best completes each dialogue.

G

1. A: When was this supply order made?

B: I had Eli _____ it yesterday.

(a) to do

(b) done

(c) doing

(d) do

2. A: I thought you weren't taking a vacation.

B: Bill persuaded me _____.

(a) being reconsidered

(b) reconsidering

(c) to reconsider

(d) reconsidered

3. A: I really enjoyed the rock concert last night.

B: _____, who was also there.

(a) Neither did my brother

(b) Neither my brother did

(c) So my brother did

(d) So did my brother

4. A: Will you get to go to Shanghai on business again?

B: It's up to my boss _____ that.

(a) decides

(b) decided

(c) to decide

(d) is deciding

5. A: Congratulations on winning the award!

B: I _____ have done it without your help.

(a) won't

(b) mustn't

(c) couldn't

(d) shouldn't

6. A: How big a group are you training?

B: I'm willing to teach _____ wants to learn.

(a) which

(b) whom

(c) whoever

(d) whenever

7. A: The bank approved my request for a home loan.

B: You should consider _____ fortunate.

(a) its

(b) itself

(c) yours

(d) yourself

8. A: Professor, can you talk about your policy on exams?

B: Sorry, but we've already spent enough time _____ that.

(a) having discussed

(b) to be discussed

(c) discussing

(d) to discuss

9. A: Will we have to work overtime?

B: The entire staff _____ against the idea.

(a) are being

(b) is being

(c) being

(d) is

10. A: How was Daniela when you saw her?

B: Her unfortunate situation hasn't changed _____.

(a) much

(b) very

(c) most

(d) by far

Choose the option that best completes each sentence.

11. The protestors in the street were
    _____ angry that they began to
    hurl rocks through shop windows.
    (a) ever
    (b) most
    (c) very
    (d) so

12. If it is difficult _____ to get a
    good night's sleep, take a sleeping aid
    such as Rest Right.
    (a) for yourself
    (b) of yours
    (c) for you
    (d) to you

13. Veterans Day is an opportunity to pay
    respect to _____ who gave their
    lives in defense of this country.
    (a) them
    (b) those
    (c) each other
    (d) one another

14. No sooner _____ than the store
    was filled with shoppers looking for a
    bargain.
    (a) was announced the sale
    (b) the sale was announced
    (c) was the sale announced
    (d) announced was the sale

15. _____ large amounts of raw
    horseradish can cause your body to go
    into toxic shock.
    (a) Having eaten
    (b) You eat
    (c) Eating
    (d) Eat

16. The general kept several groups of
    soldiers hidden in the woods so that his
    main force appeared _____.
    (a) weakly
    (b) weakening
    (c) weak
    (d) weaken

17. The polar bear seemed _____ but
    none of the zookeepers could find the
    problem.
    (a) agitated
    (b) agitating
    (c) to agitate
    (d) was agitated

18. The defeated soldiers fled from
    the battlefield with their enemies
    _____ them closely.
    (a) pursued
    (b) pursuing
    (c) to be pursued
    (d) having pursued

19. Being a sports photographer is
    _____ harder than the average
    person may realize.
    (a) any
    (b) such
    (c) far
    (d) real

20. Sending astronauts to Mars has been
    determined _____ to undertake at
    this time.
    (a) too expensive project
    (b) a project too expensive
    (c) a too expensive project
    (d) too expensive a project

21. The most intense fighting lasted
_____ three hours, after which
both sides fell back to regroup.

(a) until

(b) for

(c) during

(d) by

22. Astronomers maintain that there are
Earth-like planets in our Galaxy,
_____ they have yet to find any.

(a) despite

(b) before

(c) even

(d) although

23. Looking back on it, investors
_____ that the mortgage market
would collapse.

(a) should have known

(b) might be knowing

(c) can have known

(d) ought to know

24. One student has reported a problem with
the university website, but _____
seems to be having an error-free
experience.

(a) every other user

(b) other every user

(c) the user every other

(d) every user the other

25. The ability to self-publish a book is of
_____ value unless one has a
market to sell it to.

(a) little

(b) a few

(c) fewer

(d) least

Read each dialogue or passage carefully and identify the option that contains a grammatical error.

26. (a) A: I didn't see Amber come in this morning.

(b) B: No, she's attending of a conference in Minnesota this week.

(c) A: Why am I always the last to hear about these things?

(d) B: A memo about it was sent to everyone last week.

27. (a) A: This soup is disgusting. It's not even warm.

(b) B: Let me call the waiter over so you can tell him.

(c) A: No, that's OK. I don't want to make a scene.

(d) B: But if the soup is bad, you should really send back it.

28. (a) The lighthouse at Cape Hatteras, North Carolina, is 200 feet tall and dates back to the early 1800s. (b) It was originally positioned several hundred feet from the water, but steady shoreline erosion put it in the high tide zone by the late 1900s. (c) Having saved the lighthouse, it was moved 2,870 feet farther inland in 1999. (d) This was a massive project, and it was uncertain whether the tower would survive the journey.

29. (a) During World War II, messages delivered among different groups of soldiers were sent in code. (b) The reason for how this was done was to keep battle plans secret from the enemy. (c) Instead of making up a code, the United States used the language of the Navajo, a Native American tribe. (d) This "code" was used during the final years of the war and was never broken by the Japanese.

30. (a) China during the Qing Dynasty launched many military campaigns against its neighbors. (b) Four such campaigns carried out between 1765 and 1769 against the kingdom of Burma. (c) Although the Qing emperor imagined that his forces would easily defeat the Burmese, this was not the case. (d) After losing more than 70,000 soldiers and four commanders, the Chinese were forced to surrender.

You have reached the end of the (Vocabulary &) Grammar sections. Do NOT move on to the Reading Comprehension section until instructed to do so. You are NOT allowed to turn to any other section of the test.

Actual Test

2

Grammar

Part I   Questions 1—10

Choose the option that best completes each dialogue.

G

1. A: Are you on your way yet?
    B: I was _____.
    (a) about you called when I left
    (b) about to leave when you called
    (c) about leaving when you called
    (d) to leave when you called about

2. A: Didn't you say you used to play in a band?
    B: No, that's not _____ I was talking about.
    (a) what
    (b) which
    (c) that
    (d) how

3. A: How about lowering the price and increasing production?
    B: Those are two _____ ideas.
    (a) interesting
    (b) interest
    (c) interested
    (d) interests

4. A: I wonder when that box was delivered.
    B: It _____ early this morning.
    (a) has been appeared
    (b) was appeared
    (c) appeared
    (d) appears

5. A: Can we get two for one if we buy a video game at the sale today?
    B: I never heard _____.
    (a) what deal it was
    (b) what the deal was
    (c) the deal was what
    (d) what was the deal

6. A: I think this is my favorite of the presents I received.
    B: I'm glad you like it, because it's _____ me!
    (a) from
    (b) for
    (c) of
    (d) to

7. A: I can't make the baseball game this Saturday.
    B: You _____ your coach immediately.
    (a) better to tell
    (b) had better tell
    (c) better have told
    (d) had been better told

8. A: Where is Mr. Rogers right now?
    B: I saw him _____ at the books in his study.
    (a) to have looked
    (b) to look
    (c) looking
    (d) looked

9. A: Karen will accept the management position, right?
    B: It _____ that she will.
    (a) assumes
    (b) has assumed
    (c) is assumed
    (d) will assume

10. A: So, what happened to Bill yesterday?
    B: He hasn't told me _____ story.
    (a) entire
    (b) all entire
    (c) the entire
    (d) each entire

Choose the option that best completes each sentence.

11. Government spokespeople responded to the stock market crash as if they _____ it to happen.
(a) had expected
(b) have expected
(c) were to expect
(d) had been expected

12. _____ for the man's generous medical plan, he could not have afforded the medication.
(a) It wasn't being
(b) Hadn't it been
(c) Had it not been
(d) Were it not to be

13. The scientists checked their calculations three times to avoid _____ any errors.
(a) having made
(b) to make
(c) making
(d) being made

14. Due to traffic congestion, the parade vehicles arrived at the starting point an hour too _____.
(a) late
(b) latest
(c) lately
(d) later

15. Homeowners should have their house _____ at least once every ten years.
(a) appraising
(b) to appraise
(c) appraises
(d) appraised

16. _____ no money left in the budget, the team had no choice but to end the advertising campaign early.
(a) Having been
(b) Being there
(c) To have been
(d) There being

17. Between the employee medical care options, the Red Plan is _____ of the two.
(a) the more affordable
(b) a most affordable
(c) affordable more
(d) most affordable

18. A daily living allowance of $50 will _____ to employees attending the conference.
(a) be available to make
(b) be made available
(c) make availability
(d) make available

19. The US Constitution _____ for just two years when the Bill of Rights was added to it.
(a) was existing
(b) had existed
(c) existed
(d) exists

20. The position of editor-in-chief _____ but the board will not make an official announcement until later.
(a) fills
(b) is filling
(c) has been filled
(d) would be filled

21. After the faculty party, everyone agreed that Professor Harris had been _____ host.

(a) a so great

(b) a such great

(c) so greatly a

(d) such a great

22. Interested candidates must submit their applications _____ May 12 to be considered for the position.

(a) since

(b) until

(c) during

(d) by

23. Camden Hardware has not only an impressive selection of products _____ the lowest prices in town.

(a) if only

(b) and so

(c) but also

(d) no sooner

24. It is essential _____ the politicians stop arguing and pass this important piece of legislation.

(a) for

(b) that

(c) because

(d) which

25. The President introduced a new healthcare plan that _____ are guaranteed to support.

(a) elderly

(b) the elderly

(c) any elderly

(d) every elderly

Read each dialogue or passage carefully and identify the option that contains a grammatical error.

26. (a) A: I need a fourth class to take next semester.
  (b) B: Economics were one of my favorites last year.
  (c) A: I'm not sure — that sounds rather difficult.
  (d) B: It can be, depending on which professor you have.

27. (a) A: How was a movie that you saw last night?
  (b) B: Honestly speaking, I thought it was really awful.
  (c) A: That's surprising, because it's gotten good reviews.
  (d) B: I found the acting unconvincing and the story foolish.

28. (a) It can be difficult to prove the existence of global warming simply by measuring air temperature. (b) This is because there are an unknown number of factors of which determine how hot or cold it is at any given time. (c) Instead, scientists focus on the effects of tiny, unnoticeable increases in global temperatures. (d) These effects include rising sea levels, the migration of different ecosystems, and the melting of glaciers.

29. (a) Between approximately 500 and 1000 AD, England was divided into a number of small kingdoms. (b) Of these, the kingdom of Wessex was perhaps more influential than any other realms. (c) It occupied a position in southcentral England and gradually expanded over the centuries. (d) Just above Wessex was the kingdom of Mercia, and to the north of that was Northumbria.

30. (a) There are over 100 species of poison dart frogs living in the jungles of Central and South America. (b) The frog gets its name from a poisonous substance that its skin produces to keep predators from eating it. (c) Some native peoples of the region place this poison on the tips of their hunting darts. (d) When the dart hits an animal, the poison would knock it out or kills it.

You have reached the end of the (Vocabulary &) Grammar sections. Do NOT move on to the Reading Comprehension section until instructed to do so. You are NOT allowed to turn to any other section of the test.

3

Grammar

Part I **Questions 1—10**

Choose the option that best completes each dialogue.

G

1. A: I'm buying some canned goods to give to the homeless.
   B: It's very generous of you _____ that.
   (a) have done
   (b) are done
   (c) to do
   (d) did

2. A: There aren't a lot of job opportunities in this state.
   B: _____, I think that's true.
   (a) Generally to speak
   (b) Having spoken
   (c) Generally speaking
   (d) To have spoken

3. A: I wonder if Bert will finish the report on time.
   B: You _____ be concerned about his work.
   (a) don't need
   (b) not need
   (c) needn't
   (d) need

4. A: Shall we go skiing this weekend?
   B: Not unless it _____ more before then.
   (a) had snowed
   (b) snowed
   (c) is snowing
   (d) snows

5. A: Have you met with a lawyer yet?
   B: Somehow I _____ that I can afford one.
   (a) doubt
   (b) doubted
   (c) will doubt
   (d) am doubted

6. A: How much rain are we going to get this weekend?
   B: Four inches _____ by the time the storm passes.
   (a) fall
   (b) will fall
   (c) will be falling
   (d) will have fallen

7. A: Where are Kelly and Dan?
   B: They _____ some bad traffic on the way here.
   (a) ought to hit
   (b) must have hit
   (c) should be hitting
   (d) may have been hit

8. A: Where did you leave my bike?
   B: It's over there _____ the wall.
   (a) for
   (b) onto
   (c) among
   (d) against

9. A: Did Ben really take my house key?
   B: I saw him _____ and put it in his pocket.
   (a) pick it up
   (b) pick up it
   (c) picking up
   (d) to pick it up

10. A: Hong Kong sure is a crowded city.
    B: There are _____ people packed into a small space.
    (a) one in a million
    (b) a million of
    (c) millions of
    (d) millions

Choose the option that best completes each sentence.

11. The patient could have been saved if only _____ at the hospital a little earlier.
    (a) he arrived
    (b) having arrived
    (c) he could arrive
    (d) he had arrived

12. The doctor made an error in _____ the patient's problem earlier than he did.
    (a) not recognizing
    (b) to not recognize
    (c) recognizing not
    (d) not to recognize

13. Michael's decision to resign was _____ surprising considering the generous salary he was earning.
    (a) how
    (b) such
    (c) rather
    (d) much

14. _____ at the scene of the crime, the criminal knew he would be going to jail.
    (a) To catch
    (b) Having caught
    (c) To be catching
    (d) Having been caught

15. At the press conference, all of the reporters wanted to ask _____.
    (a) the governor he stepped down when
    (b) when would the governor step down
    (c) when the governor would step down
    (d) would the governor step down when

16. Regardless of _____ the animals are treated well, it is unethical to keep them locked in a cage.
    (a) whereas
    (b) whether
    (c) that
    (d) if

17. The movie director said he wanted to use some new unknown actors _____ in the future.
    (a) in his making movies
    (b) made in movies of his
    (c) in the movies he makes
    (d) for movies making by him

18. _____ the boy forget his pencils, but he forgot to bring one of his books to school as well.
    (a) Didn't only
    (b) Had not only
    (c) Not only did
    (d) It was not only

19. Everyone knows that the clearing of rain forests is bad, _____ countries continue to do it.
    (a) so
    (b) as
    (c) yet
    (d) since

20. It is believed _____ the standard of care for diabetics.
    (a) the new test becoming
    (b) that the new test will become
    (c) whether the new test will become
    (d) for the new test to become

21. It is really important that the road _____ repaired as soon as possible.

(a) be

(b) has

(c) should

(d) had been

22. Thanks to a World Health Organization campaign, smallpox became _____ removed from the world.

(a) major first disease be

(b) the major disease first one

(c) disease to be first major one

(d) the first major disease to be

23. Humans differ from all other creatures _____ they have a sophisticated way of communication called language.

(a) given that

(b) in that

(c) such that

(d) provided that

24. When she bought those stocks a decade ago, they weren't worth _____ .

(a) everything

(b) nothing

(c) anything

(d) something

25. After searching for a job for six months, Kimberly finally found _____ in Memphis.

(a) it

(b) one

(c) thing

(d) another

Read each dialogue or passage carefully and identify the option that contains a grammatical error.

26. (a) A: Have you sent the package to Mr. Welch yet?
    (b) B: I didn't know I was supposed to.
    (c) A: Don't you remember to ask me?
    (d) B: Oh, that's right! I'm sorry I forgot.

27. (a) A: Look at the sky. I'm guessing it will rain today.
    (b) B: There was nothing about rain on last night's news.
    (c) A: Yeah, but often weather reports on TV is wrong.
    (d) B: That's true. They got it wrong one day last week.

28. (a) There are two main types of individual retirement accounts (IRAs) available to people which want to save for the future. (b) In a Traditional IRA, the money you contribute each year is tax-free, but you pay taxes when you withdraw it. (c) A Roth IRA, on the other hand, works in reverse. (d) Which type of account you choose depends on your financial situation today as well as your goals for retirement.

29. (a) In 1661, a ship carrying an important Aztec artifact to Spain sank in a storm in the Mediterranean. (b) For centuries, archaeologists forgot about the artifact, assuming that it ought to have been lost with the ship. (c) However, in 2002, Professor Gregorio Alonzo was looking through a box of ancient texts in a Spanish monastery. (d) Imagine his surprise when he discovered the Aztec artifact sitting at the bottom of the box!

30. (a) Kalred Systems is seeking new retail sales associate to work out of its Boston branch. (b) The successful candidate will have at least three years of experience in information technology sales. (c) Prior knowledge of Braun Sales & Account software is preferred but not required. (d) Contact Megan Davis, Kalred's Hiring Coordinator, via email to apply.

You have reached the end of the (Vocabulary &) Grammar sections. Do NOT move on to the Reading Comprehension section until instructed to do so. You are NOT allowed to turn to any other section of the test.

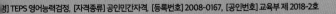

출발부터 다른, 실력 향상 프로젝트 뉴텝스 문법

NEW TEPS

입문편 실전 250+ 문법

넥서스TEPS연구소 지음

Grammar

부가 제공 자료 www.nexusbook.com

모바일 단어장

모바일 VOCA TEST

정답 자동 채점

 +

어휘 리스트 & 테스트

ACTUAL TEST 3회분 수록

정답 및 해설

NEXUS Edu

NEW TEPS

입문편
실전 250+ 문법

Grammar

정답 및 해설

NEXUS Edu

Answers

1 (b) 2 (a) 3 (d) 4 (b) 5 (b)
6 (d) 7 (d) 8 (a) 9 (a) 10 (c)
11 (b) 12 (d)

1
A: 연주하고 있는 밴드가 누구예요?
B: 잘 모르겠지만, 멋진 것 같은데요.

가이드라인 빈칸은 동사 sound의 보어가 들어갈 자리이다. 보어가 될 수 있는 것은 명사나 형용사에 해당하는 어구이므로, 형용사인 (b)가 정답이다.

band 밴드, 악단 **sound** ~인 것 같다, ~처럼 들리다
wonderful 훌륭한, 멋진

2
A: 세금 보고서 본 적 있어요?
B: 좀 전에 당신에게 제출한 것 같은데요.

가이드라인 빈칸 앞에 〈동사(handed)+목적어(it)〉가 있으므로 다음에는 '~에게'라는 뜻의 간접목적어가 이어져야 알맞다. 동사 hand는 간접목적어 쓸 때 전치사 to를 수반하므로 (a)가 정답이다.

tax report 세금 보고서 **hand** 제출하다

3
A: 연체료를 안 내려면 이 자전거를 반납해야 해.
B: 나도 방금 그 생각을 했어.

가이드라인 strike는 '~이 떠오르다'는 의미로 쓰일 때 진행형으로 쓰지 않으며 전치사 없이 사용하는 타동사임에 유의한다. just와 의미가 통하는 것은 과거형 (d)이다.

return 돌려주다 **late fee** 연체료 **strike** (생각이) 떠오르다

4
A: 너의 오래된 코트가 마치 신상품처럼 보여.
B: 고마워. 방금 세탁했거든.

가이드라인 빈칸은 had의 목적격 보어가 들어갈 자리이다. 목적어인 it(your old coat)이 세탁되는 것이므로 수동 관계를 나타내는 과거분사가 들어가야 알맞다. 따라서 (b)가 정답이다.

brand new 신상품의

5
A: 야구 경기를 보지 않을 거니?
B: 응, 우리 팀이 또 지는 것은 못 보겠어.

가이드라인 빈칸에는 watch의 목적격 보어가 필요하다. watch와 같은 지각동사는 목적격 보어로 동사원형이나 현재분사를 취하므로 선택지 중 동사원형인 (b)가 정답이다.

lose 지다

6
노조 협상자는 경영진에게 직원들의 임금 인상 요구를 고려해 보도록 설득했다.

가이드라인 빈칸은 persuade의 목적격 보어가 들어갈 자리이다. '~에게 …하라고 설득하다'라고 할 때 persuade는 목적격 보어로 to 부정사를 취하므로 (d)가 정답이다.

union 노조 **negotiator** 협상자 **persuade** 설득하다
administrator 관리자, 경영자

7
금요일에 오벡 교수님은 설문 조사 실시를 통해 우리가 추가 학점을 얻을 수 있을 거라고 공고하셨다.

가이드라인 빈칸 이하는 announce의 목적어가 되므로 목적어절을 이끄는 접속사 that이 들어가야 한다. announce는 (b)처럼 전치사 없이 바로 간접목적어를 취할 수 없으며 그 앞에 반드시 전치사 to를 붙여야 한다. 따라서 (d)가 정답이다.

announce 발표하다, 공고하다 **credit** (대학의) 학점
conduct a survey ~을 조사하다

8
일단의 과학자들이 보건의료 담당자들에게 그 질병에 대한 치료제가 발견되었다는 사실을 알렸다.

가이드라인 inform은 'A에게 B를 알리다'라고 할 때 inform A of B의 형태로 쓰며, B가 절로 이루어진 경우에는 〈inform A that +주어+동사〉 형태가 된다. 따라서 (a)가 정답이다. A(목적어) 자리에 전치사 없이 바로 사람이 온 것에 주의한다.

cure 치료제[법] **health worker** 보건의료 담당자

9 〈고급 여행 정보〉에서 제시하는 조언을 따르면 여러분은 다음 여행에서 수백 달러를 절감하게 될 것입니다.

가이드라인 save는 '(비용·시간·노력을) 덜어주다, 줄이다'라는 뜻으로 쓰일 때는 〈간접목적어+직접목적어〉 유형을 취한다. 빈칸 뒤에 비용에 해당하는 직접목적어가 나오는데, 빈칸에는 간접목적어가 들어가야 하므로 목적격인 (a)가 정답이다.

tip 조언 **save** 덜어주다

10 마크는 교통 정체로 인해 꼼짝 못하여 회사에 늦게 도착하게 되었다.

가이드라인 빈칸에는 caused의 목적격 보어가 필요하다. cause는 목적격 보어로 to부정사를 취하므로 (c)가 정답이다.

stuck (〜에 빠져) 움직일 수 없는, 꼼짝 못하는 **traffic jam** 교통 정체 **cause** 야기하다 **arrive** 도착하다

11 (a) 제나에게 과학 숙제에 대해서 뭐라고 말했니?
(b) 다른 실험을 고르라고 제안했어.
(c) 그럼, 넌 그녀의 첫 번째 아이디어가 별로 마음에 안 들었던 거구나?
(d) 응, 너무 식상하게 여겨졌어.

가이드라인 (b)의 suggest는 〈간접목적어+직접목적어〉 형태를 취하는 동사로 착각하기 쉬우나, 간접목적어 대신 〈to+목적격〉을 쓰므로 suggested to her가 되어야 한다.

suggest 제안하다 **experiment** 실험 **unoriginal** 독창적이 아닌

12 (a) 수세기 동안, 사람들은 푸쉬카르 낙타 축제를 위해 인도의 푸쉬카르 시에 일 년에 한 번 모여왔다. (b) 그들은 자신들의 낙타와 그 외 소나 양 같은 다른 가축들을 데려와 팔고 거래를 하며 즐긴다. (c) 이것은 그런 종류의 축제로는 세계 최대 규모이며, 익숙하지 않은 사람들에게는 매우 무질서하게 여겨질 수도 있다. (d) 이것은 매우 독특한 행사라서, 보통 수천 명의 관광객들이 푸쉬카르 낙타 축제에 참가한다.

가이드라인 (d)에서 attend는 우리말로 해석하면 '〜에 참석하다'가 되어 전치사 to를 덧붙이기 쉽지만, 바로 뒤에 장소를 나타내는 명사를 목적어로 취하는 타동사이다. 따라서 attend 다음에 전치사 to를 빼야 한다.

gather 모이다 **fair** 박람회, 축제 **in addition to** 〜에 더하여 **livestock** 가축 **chaotic** 무질서한 **be used to** 〜에 익숙하다 **unique** 독특한

Answers ▷

1 (a) 2 (c) 3 (d) 4 (a) 5 (a)
6 (c) 7 (b) 8 (d) 9 (b) 10 (a)
11 (d) 12 (c)

1　A: 누가 문을 두드리고 있지?
　　B: 누구인지 전혀 모르겠어.

가이드라인　빈칸은 목적어가 들어갈 자리로, Who is it?의 간접의
문문 형태가 들어가야 한다. 간접의문문의 어순은 〈의문사+주어+동
사〉이므로 (a)가 정답이다.

knock at a door 문을 두드리다　**have no idea** 전혀 모르다

2　A: 샘과 일리즈가 결혼한다는 말을 왜 내게 하지 않았니?
　　B: 나도 오늘에서야 알게 되었어.

가이드라인　문장 앞에 부정어 Not이 있으므로 주어와 동사가 도치
되어야 함을 알 수 있다. 따라서 I knew에서 일반동사 과거형을 대신
받는 조동사 did를 이용해 도치시킨 (c)가 정답이다.

get married 결혼하다　**not until** ~이 되어 비로소 ~하다

3　A: 어젯밤에 대통령 후보 토론회를 시청했어.
　　B: 아, 나도 그랬어.

가이드라인　상대방의 긍정의 말에 대해 '나도 그렇다'라고 할 때
〈So+조동사+주어〉 구문을 써야 하고, 시제가 watched로 과거이므
로 (d)가 정답이다.

presidential debate 대통령 후보 토론회

4　A: 타샤는 그다지 친절한 사람은 아니야.
　　B: 맞아, 내 일을 도와주겠다고 한 적은 딱 한 번뿐이었어.

가이드라인　문장이 only once라는 부사구로 시작되고 있으므로
주어와 동사를 도치시켜야 한다. 예전 일을 이야기한 과거 시제가 되
어야 하므로 조동사의 과거형 did를 이용해 도치시킨 (a)가 정답이다.

5　A: 네가 방해하고 있잖아. 내가 이 책 읽고 있는 거 안 보여?
　　B: 그것 좀 내려놓고 잠시 내 말 좀 들어봐.

가이드라인　put down처럼 〈동사+부사〉로 이루어진 이어동사는
대명사를 목적어로 취할 때 동사와 부사 사이에 목적어를 둔다. 명령
문이므로 동사원형으로 시작하는 (a)가 정답이다.

interrupt 방해하다　**put down** 내려놓다

6　녹색 채소는 비타민을 많이 함유하고 있을 뿐만 아니라,
　암을 물리치는 데도 도움이 된다.

가이드라인　문두에 Not이라는 부정어가 나오므로 주어와 동사가
도치된다. 주어는 green vegetables이고 빈칸 뒤의 동사 contain
을 대신하여 조동사 do가 주어 앞으로 온 (c)가 정답이다.

not only A but also B A뿐만 아니라 B 역시　**contain** 함유하다
fight off 물리치다　**cancer** 암

7　소방관은 화재가 발생했을 때 어떻게 하는지 아이들에게
　가르쳐 주기 위해 학교에 초대되었다.

가이드라인　〈의문사+to부정사〉가 쓰여 '~할지, 해야 할지'라는 의
미를 갖는 명사구가 된다. children은 show의 간접목적어이므로 바
로 뒤에 따라나온다. 그래서 '아이들에게 무엇을 해야 할지 보여준다'
는 의미로 (b)가 정답이다.

fire fighter 소방관　**invite** 초대하다, 초청하다
in the event of ~의 경우　**fire** 불, 화재

8　아이가 어질러 놓아서, 그의 부모는 그에게 그것을 치우
　도록 했다.

가이드라인　make는 '~하게 시키다'라는 뜻이고, 목적격 보어로
동사원형을 취한다. clean up은 대명사 it을 목적어로 취하면 동사와
부사 사이에 두어 clean it up이 되어야 한다. 따라서 (d)가 정답이다.

make the mess 어질러 놓다　**clean up** 치우다, 정리하다

9   가족 모임은 온 가족이 한데 모여 색다른 장소에서 즐길 수 있는 완벽한 기회이다.

가이드라인   빈칸에는 '온 가족'이라는 뜻의 어구가 들어가야 한다. '전부의, 모든'이라는 뜻의 whole은 정관사 the 뒤에 오므로 (b)가 정답이다.

reunion 재회, 친목 모임   **opportunity** 기회   **have fun** 즐기다
exotic 이국적인, 색다른   **location** 장소

10   공장 개축이 그런 대로 빨리 끝난다면, 직원들은 3월 1일까지는 업무를 다시 시작할 수 있다.

가이드라인   빈칸은 앞에 있는 동사를 수식하는 부사구가 들어갈 자리이다. enough는 형용사나 부사를 뒤에서 수식하므로 (a)가 정답이다.

renovation 수리, 개축   **complete** 완성하다   **employee** 직원
resume 재개하다   **duties** 근무, 직무

11   (a) A: 채소 껍질 벗기는 칼 봤니? 찾을 수가 없어.
    (b) B: 여기, 방금 감자 깎는 데 사용하고 있었어.
    (c) A: 아, 됐어. 안 가져갈게.
    (d) B: 아냐, 난 다했어. 여기 있어.

가이드라인   '여기 있어'라는 뜻으로 Here you go, Here you are, Here it is 등으로 표현한다. 따라서 (d)의 Here goes you를 Here you go로 고친다. '자, 시작하자'라는 뜻으로 Here goes!를 쓰기도 하지만 (d) Here goes you는 문맥상 어색하다.

vegetable peeler 채소 껍질 벗기는 데 사용하는 기구
peel 껍질을 벗기다

12   (a) 범고래는 '살인 고래'라는 이름을 갖고 있는데, 그 이유는 다른 고래들과 달리 큰 먹잇감을 사냥하고 죽이기 때문이다. (b) 일부 바다 서식지에는, 바다표범과 바다사자가 아주 풍부해서 범고래의 주요 식량원 역할을 할 정도이다. (c) 범고래는 이 동물들 중 하나를 공격할 때 처음에는 그것을 공중으로 던져올려 힘을 못쓰게 한다. (d) 일단 먹잇감이 더 이상 저항하지 못하면, 범고래는 먹기 시작한다.

가이드라인   (c)에서 fling up은 〈동사+부사〉로 이루어진 이어동사인데, 목적어로 대명사가 올 때 동사와 부사 사이에 놓인다. 따라서 flinging it up이 되어야 한다.

orca 범고래   **prey** 먹이   **habitat** 서식지   **seal** 바다표범, 물개
plentiful 풍부한   **fling up** 던져올리다   **disable** 무력하게 하다
fight back 저항하다   **feed** 먹다

Answers ▭

1 (a)   2 (a)   3 (b)   4 (b)   5 (b)
6 (d)   7 (b)   8 (c)   9 (d)   10 (c)
11 (b) 12 (d)

1 A: 영화 보러 자주 가세요?
　　 B: 네, 보통 최소한 한 달에 한 번은 봐요.

가이드라인　현재형으로 묻는 A의 질문은 현재의 지속적인 습관에 대한 것이므로, B의 대답 역시 현재 시제가 되어야 알맞다. 따라서 (a)가 정답이다.

go to the movies 영화 보러 가다　**at least** 최소한

2 A: 근무한 지 오래되셨나요?
　　 B: 이 회사에서 일한 지 12년 됐습니다.

가이드라인　A가 현재형으로 묻는 것으로 보아 B는 현재 이 회사에 다니고 있으며, 뒤에 기간을 나타내는 부사구가 나오므로 과거부터 현재까지 계속되는 일을 나타내는 현재완료 시제가 되어야 한다. 따라서 (a)가 정답이다.

long-term 장기적인

3 A: 리처드가 수강을 철회할지 궁금해.
　　 B: 분명히 그는 고려하고 있을 거야.

가이드라인　문맥상 아직 결정을 내리지 않고 '고려 중이다'라는 말이 되어야 자연스러우므로, 현재 진행형이 들어가야 알맞다. 따라서 (b)가 정답이다.

drop the class 수강을 철회하다　**apparently** 명백히, 겉으로 보기에는

4 A: 주말 동안 뭐 했어?
　　 B: 친구와 미술관에 갔어.

가이드라인　지난 주말(over the weekend)에 무엇을 했는지를 묻고 있으므로 과거 시제로 대답해야 한다. 따라서 (b)가 정답이다.

art museum 미술관

5 A: 뉴욕에서 티파니를 보았니?
　　 B: 아니. 내가 도착했을 때는 그녀는 떠나고 없었어.

가이드라인　문맥상 B가 도착한 시점보다 더 먼저 티파니가 떠난 것이므로, 과거보다 앞선 때를 나타내는 과거완료 시제가 들어가야 알맞다. 따라서 had p.p. 형태인 (b)가 정답이다.

6 다음 주 월요일에 상원이 다시 소집되면 이민법에 관한 논의가 재개될 것이다.

가이드라인　문맥상 빈칸에도 미래 시점이 와야 하지만, 조건이나 때를 나타내는 부사절에서는 현재 시제가 미래를 대신하므로 현재형인 (d)가 정답이다.

immigration bill 이민법　**resume** 재개하다　**the Senate** 상원

7 품종에 상관 없이 모든 개가 갖고 있는 귀 도관은 인간과는 그 형태가 다르다.

가이드라인　개에 관한 일반적인 사실을 나타내고 있으므로 현재 시제로 쓴 (b)가 정답이다. have는 '가지고 있다'라는 뜻으로는 (d)처럼 진행형을 쓰지 않음에 유의한다.

regardless of ~와 상관 없이　**breed** 품종　**ear canal** 귀 도관

8 미국 남북전쟁이 일어난 지 3년이 되자, 남부 연합군은 기세가 꺾였다.

가이드라인　by는 시간 앞에 쓰여 '~까지는'이라는 뜻으로 그 시점까지의 완료를 나타낸다. 따라서 남북전쟁이 일어난 지 3년째라는 과거 시점보다 앞선 때부터 그때까지의 완료를 나타내므로 과거완료 시제인 (c)가 들어가야 알맞다.

Civil War 미국 남북전쟁　**Confederate Army** 남부 연합군
lose momentum 기세가 꺾이다, 탄력을 잃다

9   지각한 학생들이 교실에 도착할 때쯤에는, 교수님께서 강의를 끝내셨을 것이다.

by the time은 '~할 때까지는'이라는 뜻으로, 주로 완료 시제와 함께 쓰이는데, by the time이 이끄는 시간 부사절에서 현재형 make는 의미상 미래를 나타낸다. 따라서 미래의 특정 시점까지의 완료를 나타내므로 주절은 미래완료인 (d)를 써야 한다.

tardy 늦은, 지각한   **make it** 도착하다   **conclude** 마치다

10   경찰은 지난달에 접수된 것보다 이번 달에 더 많은 범죄 신고가 접수되고 있다고 밝히고 있다.

지난달과 비교하여 이번 달(this month)이라는 현재의 한시적 기간 동안 일어나는 일에 대해 말하고 있으므로 현재 진행형을 쓰는 것이 알맞다. 따라서 (c)가 정답이다.

crime report 범죄 신고

11   (a) 켄, 걱정 있어 보이는데, 무슨 일 있니?
(b) 보고서를 깜박 잊고 집에 놓고 왔다는 것을 지금 막 알았어.
(c) 카플란 교수님 수업에 낼 보고서 말이야?
(d) 응, 오늘 오후까지 마감이거든.

realize는 '깨닫다'라는 뜻인데, 이렇게 인식이나 사고를 나타내는 동사는 진행형으로 쓰지 않는다. 따라서 (b)의 과거 진행 시제(was just realizing)는 과거형인 just realized로 고쳐야 한다.

realize 깨닫다   **due** 마감인

12   (a) 사해는 항상 요르단강이 물을 공급해 왔고 근처 산에서는 샘이 흘러넘쳤다. (b) 하지만 현재는 농부들이 상류 지역을 관개를 위해 사용함으로써 강의 흐름이 줄어들었다. (c) 게다가 광물을 추출하는 기업들이 날마다 바다 밖으로 물을 퍼내고 있다. (d) 그 결과 2060년쯤에는 사해가 완전히 사라져 버리게 될 것이다.

(d)에서 by the year 2060이라는 부사구로 보아, 미래의 특정 시점까지의 완료를 나타내므로 미래완료 시제가 나와야 알맞다. 따라서 미래 시제인 will disappear를 미래완료 시제인 will have disappeared로 고쳐야 옳다.

Dead Sea 사해   **feed** 먹이다   **spring** 샘   **runoff** 흘러넘침   **nearby** 근처의   **upstream** 상류의   **irrigation** 관개   **pump out** 펌프로 퍼내다   **extract** 추출하다   **disappear** 사라지다   **completely** 완전히

04

텝스 문법 집중 공략

🔁 본책 P59

Answers ▫

1 (a)	2 (c)	3 (c)	4 (d)	5 (b)
6 (c)	7 (b)	8 (c)	9 (d)	10 (d)
11 (c)	12 (c)

1 A: 취업 집단 면접은 어땠어?
　 B: 우리를 면접한 사람이 정말 친절했어.

가이드라인 who interviewed us는 주어인 The man을 수식하는 관계절이므로 빈칸에 들어갈 동사는 주어인 The man의 수에 일치시켜야 한다. 또한 A가 과거 시제로 묻고 있으므로 역시 과거 시제를 쓴 (a)가 정답이다.

group job interview 취업 집단 면접

2 A: 오늘 저녁식사는 정말 근사하겠다.
　 B: 응, 모든 요리가 맛있어 보여.

가이드라인 빈칸에 들어갈 동사의 수는 each에 일치시켜야 한다. each는 단수 동사로 받으며, look은 '~처럼 보이다'라고 할 때는 진행형으로 쓰지 않으므로 (c)가 정답이다.

course 차례로 한 접시씩 나오는 요리

3 A: 하루에 얼마나 많이 달려요?
　 B: 4마일이면 딱 좋은 것 같아요.

가이드라인 four miles는 복수 형태로 볼 수 있지만, 4마일이라는 거리는 한 덩어리로 취급하여 단수 동사로 받으므로 (c)가 정답이다.

feel ~한 느낌을 주다

4 A: 괜찮은 책을 추천해 주실래요?
　 B: 존 스타인벡의 〈생쥐와 인간〉이 훌륭한 책이에요.

가이드라인 주어가 책 한 권이므로 단수 동사로 받아야 하고, 문맥상 be동사가 들어가야 하므로 (d)가 정답이다.

recommend 추천하다 　 **read** 읽을거리

5 A: 파티에 누구 데려올 사람 있어요?
　 B: 매트와 키스가 나와 함께 갈 거예요.

가이드라인 both A and B는 'A와 B 둘 다'라는 뜻이고 복수 동사를 취한다. 가까운 예정을 나타내는 be going to를 이루는 be동사가 들어가야 하므로 (b)가 정답이다.

6 야생동물 보호 단체는 태평양 상어의 숫자가 계속 감소하고 있다고 말한다.

가이드라인 빈칸에 들어갈 동사가 일치되어야 하는 주어는 the number of(~의 숫자)이므로 단수 동사로 받아야 한다. 따라서 (c)가 정답이다.

wildlife 야생생물 　 **protection** 보호 　 **drop** 감소하다

7 야구 경기를 관람한 팬들은 최종 점수에 매우 놀랐다.

가이드라인 주어는 The fans이므로 복수 동사로 받아야 하고, 상태를 나타내는 be동사는 진행형을 쓰지 않으므로 (b)가 정답이다.

attendance 참석

8 그 고등학교의 대부분은 대대적인 보수 공사로 인해 여전히 학생들의 출입이 금지되어 있다.

가이드라인 most of는 다음에 복수 명사가 나오면 복수 동사로 받고, 단수 명사가 나오면 단수 동사로 받는다. of 다음에 the high school이 단수 명사이므로 동사도 단수형이 와야 하는데, remain은 자동사라서 (b)처럼 수동태로 쓸 수 없으므로 (c)가 정답이다.

off limits 출입 금지의 　 **extensive** 광범한 　 **renovation** 보수

9   갈라파고스 제도를 찾는 많은 방문객들은 자연을 새롭게
     느끼고 돌아갔다.

가이드라인 〈many a+단수 명사〉는 〈many+복수 명사〉처럼 '많
은' 이라는 뜻이지만 단수 동사로 받는다. 따라서 (d)가 정답이다.

appreciation 감상, 평가

10   일부 정치인들에 따르면, 부자는 현재 내는 것보다 더 많
     은 세금을 내야 한다.

가이드라인 주어인 the rich는 〈the+형용사〉의 형태로, rich
people을 가리키므로 복수 동사형으로 받고, need는 진행형으로 쓰
지 않으므로 (d)가 정답이다.

politician 정치인   **currently** 현재

11   (a) 왜 토마토를 내버렸니?
     (b) 몇 개가 상하기 시작했어.
     (c) 그래, 하지만 나머지는 아직 괜찮았어.
     (d) 그렇게 성급하게 처리하지 말았어야 했나 봐.

가이드라인 (c)에서 the rest of는 이어지는 명사의 수에 따라
단수, 복수형이 결정된다. 뒤에 복수형인 them이 나오므로 the rest
역시 복수 취급을 하여 동사도 복수형인 were를 써야 한다.

throw out 버리다   **turn bad** 상하다   **should have p.p.** ~했어야
했는데

12   (a) 많은 사람들이 비행기가 늦게 도착하거나 제시간에
     출발할 수 없기 때문에 여행 문제를 겪을 수 있다. (b) 이
는 흔한 문제로, 전 세계 공항 여행객들에게 더욱 심각해지고 있
다. (c) 지연의 주요 원인은 안개, 폭풍과 같은 날씨나 활주로를 미
끄럽게 만드는 빙판 상태 등이다. (d) 유감스럽게도 기상 문제가
공항에서 지연의 원인 중 70퍼센트를 차지하지만 그에 대한 해결
책은 없다.

가이드라인 주어가 길 때 중심 단어를 찾아 동사의 수를 일치시키는
문제는 자주 출제된다. (c)에서 A major cause for delays의 주어
는 delays가 아니라 cause이므로 단수 동사 is가 와야 한다.

develop (병·문제가) 생기다   **travel** 여행   **airplane** 비행기
arrive late 늦게 도착하다, 연착하다   **depart** 출발하다   **on time**
정시에, 정각에   **common** 일반적인, 흔히 있는   **traveler** 여행객
delay 지연   **fog** 안개   **thunderstorm** 폭풍, 뇌우   **icy** 얼음에 뒤덮
인   **runway** 활주로   **slippery** 미끄러운   **unfortunate** 유감스러
운, 불행한   **solution** 해결책, 해법

Answers ⊐

1 (c)	2 (c)	3 (c)	4 (c)	5 (a)
6 (c)	7 (c)	8 (a)	9 (b)	10 (c)
11 (b)	12 (c)			

1 A: 우편이 도착했어요?
B: 한 시간 전쯤에 배달되었어요.

가이드라인 B의 주어 It이 가리키는 것은 the mail(우편물)이고 deliver(배달하다)라는 동작의 대상이 되므로 수동태가 되어야 한다. an hour ago라는 부사구로 보아 시제는 과거이므로 (c)가 정답이다.

deliver 배달하다

2 A: 접시가 두 조각으로 깨져 있어요.
B: 어떻게 그런 일이 일어났는지 도무지 모르겠군요.

가이드라인 happen은 자동사로만 쓰이므로 수동태로는 쓸 수 없다. 접시가 이미 깨져 있는 상태이므로 접시가 깨진 일은 과거 시제인 happened로 나타내야 알맞다. 따라서 (c)가 정답이다.

plate 접시

3 A: 칼의 어머니는 그를 어떻게 벌주셨니?
B: 그는 석 달 동안 잔디를 깎아야 했어.

가이드라인 〈make+목적어+동사원형〉에서 목적어가 주어로 나가 수동태로 바뀌면, 〈be made+to부정사〉 구문이 된다. 사역동사, 지각동사의 목적격 보어인 동사원형을 수동태에서 to부정사로 바꿔야 한다. 따라서 (c)가 정답이다.

punish 벌주다 **lawn** 잔디 **mow** (잔디를) 깎다

4 A: 컴퓨터 바이러스가 없어져서 정말 기뻐.
B: 맞아, 우리의 IT 팀이 그것을 처리했어.

가이드라인 주어인 it은 the computer virus를 가리키므로 '처리되다'라는 수동태가 되어야 한다. 바이러스가 없어졌다는 말로 보아 이미 처리된 것이므로 과거 시제인 (c)가 알맞다.

deal with ~을 처리하다, 다루다

5 A: 네가 속한 동아리는 인기가 아주 많은 것 같아.
B: 응, 신입 회원 숫자가 계속 늘고 있어.

가이드라인 keep -ing는 '계속 ~하다'의 뜻으로 문맥상 현재 회원 수가 늘고 있다는 의미가 되어야 하므로 현재 시제인 (a) keeps가 정답이다.

rise 오르다, 증가하다

6 모닝 커피 한 잔은 전세계 수백 만 사람들에게 필수품으로 여겨진다.

가이드라인 주어인 모닝 커피가 consider의 대상이 되므로 수동태가 되어야 한다. 따라서 (c)가 정답이다.

necessity 필수품

7 백금은 녹지 않고 고온을 견딜 수 있다고 알려져 있다.

가이드라인 문맥상 platinum이 know의 주체가 될 수 없으므로 수동태가 되어야 한다. be known for는 '~로 알려지다, ~로 유명하다'라는 뜻이고, 객관적 사실이므로 현재 시제를 쓴 (c)가 정답이다.

platinum 백금 **withstand** 견디다 **temperature** 온도 **melt** 녹다

8 테이스티 브랜드 땅콩 버터는 빵 위에 부드럽게 발리며 먹을 때마다 놀라운 맛을 보증합니다.

가이드라인 spread는 타동사와 자동사 둘 다로 쓰이는데, 여기서는 '발리다, 퍼지다'라는 뜻의 자동사로 쓰였다. 이 경우, 형태는 능동이지만 수동의 의미로 쓰였으며, 타동사로 쓰일 경우에는 spread jam on bread/ spread the bread with the cheese와 같이 쓴다. 따라서 정답은 (a)이다.

smoothly 부드럽게 **guarantee** 보증하다 **bite** 한 입, 한 번 물기

9 직원들이 직장에서 안전하고 편안하게 느낄 수 있도록 뭔가 조치를 취해야 합니다.

가이드라인 주어인 Something은 do의 대상이 되므로 수동태가 되어야 한다. 따라서 (b)가 정답이다. 수동태에 조동사가 포함될 때는 〈조동사+be+p.p.〉 형태가 된다.

ensure ~을 보장하다 **workplace** 직장, 일터

10 주변의 수마일에 걸쳐서, 화산 폭발을 앞두고 몇 분간 땅이 흔들리는 것이 느껴졌다.

가이드라인 주어인 the ground가 흔들리는 것이 느껴진 것이므로 수동태가 되어야 한다. 문맥상 과거 시제가 어울리므로 (c)가 정답이다. 지각동사나 사역동사의 수동태는 목적격 보어 자리에 to부정사가 온다는 점에 주의한다.

shake 흔들리다 **lead up to** ~의 전조가 되다
volcanic eruption 화산 폭발

11 (a) 이 모자는 우리 삼촌이 내게 주신 거야.
(b) 정말 너에게 잘 어울리는 것 같아.
(c) 나에게 너무 화려한 것 같지 않니?
(d) 전혀 안 그래. 삼촌이 감각이 좋으시구나.

가이드라인 suit는 주로 사람을 목적어로 취해서 '~에게 어울리다'라는 뜻으로 쓰이고 (b)와 같은 형태의 수동태로는 쓰지 않는다. 따라서 능동태로 It really suits you라고 해야 맞다. 참고로 '~에 적합하다'라는 뜻으로 be suited for의 형태도 가능함을 알아 두자.

suit ~에 어울리다 **fancy** 화려한 **not at all** 전혀 아닌

12 (a) 멕시코 남부와 중앙 아메리카의 고대 마야 문명의 역사는 다소 신비스럽다. (b) 이 지역은 일찍이 BC 1800년에 마야인들이 정착했으며, 수세기 동안 그들은 정글에 거대한 석조 도시를 건설했다. (c) 그러나 서기 8세기 또는 9세기 무렵에, 그들 제국의 대부분이 사라져 버렸다. (d) 고고학자들은 여전히 무엇이 마야 문명의 붕괴를 이끌었는지를 알아내기 위해 애쓰고 있다.

가이드라인 (c)에서 disappear는 '사라지다'라는 뜻의 자동사이므로 수동태로 쓸 수 없다. 또한 by the 8th or 9th century AD라는 부사구로 보아, 과거 특정 시점까지의 완료를 나타내는 과거완료 시제가 되어야 알맞으므로 was disappeared를 had disappeared로 고쳐야 한다.

civilization 문명 **mystery** 신비 **settle** 정착하다 **construct** 건설하다 **huge** 거대한 **empire** 제국 **archaeologist** 고고학자
collapse 붕괴

1 A: 폭풍이 아직도 이쪽으로 오고 있나요?
  B: 아뇨, 방향을 바꾼 것 같아요.

가이드라인 appear는 '~인 것 같다'라는 뜻으로 쓰일 때 보어로 to부정사를 취한다. 따라서 (b)와 (d)가 가능한데, 폭풍이 이쪽으로 오고 있지 않다고 말한 것으로 보아 이미 방향을 바꾼 것임을 알 수 있으므로 완료 부정사인 (d)가 들어가야 알맞다.

appear ~처럼 보이다, ~인 것 같다

2 A: 너의 새 신발이 어디 있니?
  B: 아, 난 그걸 사지 않기로 결정했어.

가이드라인 decide는 목적어로 to부정사를 취하는데, 신발을 사는 주체는 나이므로 (a)와 같은 수동태는 맞지 않다. 따라서 능동태인 (d)가 정답이다. to부정사의 부정은 바로 앞에 not을 붙인다.

3 A: 내가 그걸 도와줄게.
  B: 네가 도와준다면 정말 고맙지.

가이드라인 appreciate는 동명사를 목적어로 취하므로 (b)가 정답이다. 빈칸 앞의 your는 동명사의 의미상 주어이다.

give A a hand A를 도와주다 **appreciate** 고맙게 여기다

4 A: 왜 내게 문자메시지 답장을 하지 않았니?
  B: 자동차를 타고 있었어. 운전 중에 문자메시지를 보내는 것은 위험하잖아.

가이드라인 빈칸 앞의 it은 가주어이고 to text가 진주어이며, to부정사의 의미상 주어는 부정사 앞에 〈for+목적격〉으로 명시한다. 빈칸은 is의 보어인 unsafe로 시작해야 하므로 (d)가 정답이다.

text 문자메시지를 보내다

5 A: 교수님이 강의 끝나고 너와 얘기를 하고 싶어 하셔.
  B: 알겠어, 늦게까지 남는 건 상관 없어.

가이드라인 mind는 '꺼리다, 싫어하다'라는 뜻이고, 동명사를 목적어로 취하는 동사이므로 (b)가 정답이다.

mind 꺼리다, 싫어하다

6 유럽에서는 18세기까지는 고양이를 애완동물로 키우는 사람들이 많지 않았다.

가이드라인 start는 목적어로 동명사나 to부정사를 모두 취할 수 있다. 정확한 과거 시점임을 알 수 있고 주체가 유럽 사람들이므로 동명사나 to부정사의 수동태나 완료형을 쓸 필요가 없기 때문에 (a)가 정답이다.

house cat 집에서 기르는 고양이 **in large numbers** 대량으로

7 변호사에 따르면, 피고는 자신이 범죄를 저질렀던 것을 기억하지 못한다고 주장하고 있다.

가이드라인 remember는 '과거에 ~했던 것을 기억하다'라고 할 때는 동명사를 취하고, '앞으로 ~할 것을 기억하다'라고 할 때는 to부정사를 목적어로 취한다. 여기서는 과거의 일을 기억하는 것을 뜻하므로 (b)가 알맞다.

defendant 피고 **claim** 주장하다 **commit a crime** 범죄를 저지르다

8 부모가 대학에 다닌 아이들은 그들도 대학에 갈 확률이 더 높다.

가이드라인 〈be likely to+동사원형〉은 '~할 확률[가능성]이 높다'라는 뜻으로 쓰이는 표현이다. 따라서 (a)가 정답이다.

9   사람들은 이민자들에 대해 부정적인 의견을 가질 수 있
    는데, 뉴스에서 그들에 대한 나쁜 소식들을 듣는 데 익숙
    하기 때문이다.

가이드라인   be used to가 '~하는 데 익숙하다'라는 뜻으로, 여기
에 쓰인 to는 전치사이므로 동명사를 목적어로 수반한다. 따라서
(b)가 정답이다.

negative 부정적인   **immigrant** 이민자

10   다이어트는 힘들 수 있지만 진심으로 체중을 줄이고 건
    강을 유지하고자 한다면 해볼 가치가 있다.

가이드라인   '~할 가치가 있다'는 표현으로 〈be worth+동명사〉를
쓴다. 따라서 (b)가 정답이다. 같은 뜻으로 〈be worthy of+동명사〉나
〈be worthy to+동사원형〉을 쓸 수 있다.

lose weight 체중을 줄이다   **stay fit** 건강을 유지하다   **undertake**
떠맡다, 착수하다

11   (a) 짐을 다 싸고 갈 준비가 된 것 같구나.
    (b) 응, 택시가 곧 오기를 기다리고 있어.
    (c) 그럼, 여행 잘 하기를 바라.
    (d) 고마워. 고양이 밥 주는 거 잊지 마.

가이드라인   forget도 remember와 마찬가지로, 과거의 일에 대
해 말할 때는 동명사를, 미래의 일에 대해서 말할 때는 to부정사를 목
적어로 취한다. (d)는 미래의 일에 대해서 말하고 있으므로 feeding
을 to feed로 고쳐야 한다. (a)의 you're packed는 구어체에서 '짐
을 다 챙긴 상태'를 나타낼 때 쓰는 표현이다.

packed 짐을 다 챙긴   **any minute** 곧, 조만간   **feed** 먹이를 주다

12   (a) 헬렌 켈러는 생후 19개월이 되었을 때 병에 걸려 귀
    가 안 들리고 앞을 못 보게 되었다. (b) 그녀가 세상과 의
사소통하는 것을 배우는 것은 매우 힘들었지만, 그녀는 한 특별
한 선생님의 도움으로 성공을 이루었다. (c) 일생 대부분 동안, 그
녀는 여성의 동등한 권리와 전쟁 종식을 위해 싸우는 데 헌신했
다. (d) 1968년에 그녀가 사망할 무렵에는, 그녀는 누구나 아는
유명한 사람이 되어 있었다.

가이드라인   dedicate oneself to는 '~에 헌신하다'라는 뜻인데,
이때 to는 전치사이므로 다음에 동명사가 나와야 한다. 따라서 (c)에
서 fight는 fighting으로 바꿔야 한다.

deaf 귀가 안 들리는   **blind** 앞을 못 보는   **communicate** 의사소통
하다   **household name** 아주 잘 알려진 이름

Answers ▷

1 (c)	2 (a)	3 (c)	4 (b)	5 (c)
6 (c)	7 (a)	8 (a)	9 (b)	10 (d)
11 (d)	12 (c)			

1
A: 꽃에 관한 다큐멘터리 어땠어?
B: 매우 흥미로웠다고 생각해.

가이드라인 빈칸은 보어가 들어갈 자리이다. 다큐멘터리가 '흥미로운'이라는 뜻이 어울리므로 (c)가 알맞다. 감정을 나타내는 어구 중에서 (a)와 같은 과거분사는 사람이, (c)와 같은 현재분사는 사물이 주어로 오는 것이 일반적이다.

documentary 다큐멘터리, 기록물

2
A: 강도가 걱정되지 않으세요?
B: 네, 전 항상 문을 잠그지 않고 둬요.

가이드라인 빈칸은 목적격 보어가 들어갈 자리이다. 목적어인 the door와 unlock은 수동 관계에 있으므로 과거분사가 들어가야 한다. 따라서 (a)가 정답이다.

burglar 강도

3
A: 전화를 받지 그래요.
B: 아, 중요한 전화 아니에요. 울리게 내버려둘 거예요.

가이드라인 빈칸에는 목적격 보어가 필요하다. 사역동사 let은 목적어와 목적격 보어의 관계가 능동이냐, 수동이냐에 따라 동사원형이나 과거분사를 목적격 보어로 취한다. 여기서는 능동 관계이므로 동사원형인 (c)가 정답이다.

ring (벨이) 울리다

4
A: 수지에게 우리의 절차를 얼마 동안 가르쳐야 하죠?
B: 이번 달 말까지 그녀가 완전히 교육을 받았으면 해요.

가이드라인 빈칸에는 목적격 보어가 필요하다. 문맥상 목적어가 교육을 하는 것이 아니라 교육을 받는 입장이므로 수동 관계에 있다. 따라서 과거분사인 (b)가 들어가야 한다.

procedure 절차, 순서 **fully** 완전히

5
A: 유전학 강의가 개설 중이라는 걸 알았니?
B: 응. 강의 목록에 실려 있는 걸 보았어.

가이드라인 목적어인 it(genetics class)이 목록에 실려지는 것이므로 빈칸에 들어갈 목적격 보어는 목적어와의 수동 관계를 나타내는 과거분사가 되어야 한다. 따라서 (c)가 정답이다.

genetics 유전학 **notice** 알아차리다, 주목하다 **list** 목록에 싣다

6
위험을 이해하지 못하고, 많은 미국인들이 올해 독감 예방 주사를 맞지 않기로 했다.

가이드라인 분사구문의 부정 표현에서 어순을 묻는 문제로, 부정어 Not은 분사 바로 앞에 온다. 부사절과 주절의 주어가 동일하고 주어와 understand는 능동 관계이므로 (c) Not understanding이 맞다.

risk 위험 **flu shot** 독감 예방 주사

7
전문가들은 세계 인구가 향후 10년 안에 80억을 넘을 것이라고 예상한다.

가이드라인 빈칸은 expect의 목적격 보어가 들어갈 자리이다. expect는 목적격 보어로 to부정사를 취하므로 (a)가 정답이다.

expert 전문가 **billion** 십억 **surpass** 능가하다, 뛰어넘다
decade 10년

8
몇 시간에 걸친 격렬한 논쟁 끝에, 변호사는 그의 고객이 혐의에 대해 무죄라는 데 판사가 동의하도록 만들었다.

가이드라인 선택지로 보아 사역동사의 의미를 갖는 get에 관한 문제임을 알 수 있다. 사역동사 get은 목적어(judge)와 목적격 보어의 관계가 능동이면 목적격 보어로 to부정사를 취하므로 (a)가 정답이다.

intense 격렬한 **client** 고객 **innocent** 무죄의 **charge** 혐의

9   화학 문제에 대한 교수의 설명은 학생들을 더 혼란스럽게 만들었다

가이드라인   빈칸은 made의 목적격 보어가 필요한 자리이다. 목적어인 the students가 '혼란스러워지는' 상태가 되게 하다는 뜻이므로 과거분사인 (b) confused가 들어가야 한다. 감정을 나타내는 동사가 분사 형태로 명사를 수식할 때 명사가 사람인 경우에는 과거분사를, 사물인 경우에는 현재분사를 주로 쓴다.

professor 교수   **explanation** 설명   **chemistry** 화학   **confused** (사람이) 혼란스러워 하는

10   경찰로부터 도망칠 길이 보이지 않자, 범인은 자수할 수밖에 없었다.

가이드라인   두 절이 접속사 없이 이어지고 있으므로, 앞 절이 분사구문임을 알 수 있다. 문맥상 분사구문의 시제가 주절의 시제와 같으므로 (d)가 정답이다.

obvious 분명한   **escape** 탈출, 도망   **criminal** 범인   **have no choice but to** ~할 수밖에 없다   **give oneself up** 항복하다, 자수하다

12   (a) 제임스, 괜찮아? 네가 비명 지르는 것을 들었는데.
       (b) 응, 아무것도 아냐. 걱정 마.
       (c) 그럼 다행이지만, 무슨 일인지 말해주지 않을 거야?
       (d) 뭔가가 팔 위를 기어가는 것 같았어.

가이드라인   (d)에서 목적어인 something과 목적격 보어인 crawl은 능동 관계에 있으므로 과거분사가 아닌 현재분사를 써야 한다. 따라서 crawled를 crawling으로 바꿔야 맞다.

scream 비명을 지르다   **relief** 안심   **crawl** 기어가다

13   (a) 코알라가 전혀 곰이 아니라는 사실을 알면 여러분은 놀랄지도 모르겠다. (b) 그것의 이름은 호주 원주민 언어인 다룩어의 gula라는 말에서 유래했다. (c) 전에 한 번도 gula를 본 적이 없었기 때문에, 초기 유럽 이주민들은 그것의 생김새가 서양의 곰과 닮았다는 이유로 그 동물을 곰이라고 불렀다. (d) 실제로 코알라는 유대류이며, 그 종으로는 세계에서 마지막으로 남은 종이다.

가이드라인   (c)는 두 절이 접속사 없이 이어지고 있으므로 앞 절을 분사구문으로 고쳐야 한다. 주절의 주어와 동일한 주어를 생략하고, 주절보다 시제가 앞서므로 완료형 분사(having p.p.)를 쓴 뒤, 부정어인 never를 그 앞에 붙이면 된다. 따라서 They had never seen을 Never having seen으로 고쳐야 한다.

koala (bear) 코알라   **Aboriginal** 호주 원주민의   **tongue** 언어, 말   **settler** 이주민, 개척자   **resemblance** 유사성   **in actuality** 실제로   **marsupial** 유대류

Answers
1 (a) 2 (a) 3 (c) 4 (b) 5 (d)
6 (c) 7 (d) 8 (b) 9 (c) 10 (c)
11 (d) 12 (d)

1
A: 내가 전에 제인을 만난 적이 있던가?
B: 응. 월스트리트에서 근무하는 사람이야.

가이드라인 두 절을 연결하면서 빈칸 뒤에 주어가 없으므로 주격 관계대명사가 필요하다. 선행사 the one이 사람을 가리키므로 (a)가 정답이다.

2
A: 넌 하버드 대학에 들어가지 못할 수도 있어.
B: 응. 그럴 경우에는 브라운 대학에 갈 거야.

가이드라인 문맥상 '그럴 경우에는'이라는 뜻이 되어야 하므로, A의 말을 관계대명사로 받은 (a)가 알맞다. (d)는 in that case라고 하면 가능하다.
accept 입학시키다

3
A: 거트루드는 여전히 비행을 두려워하지?
B: 응. 그녀는 여행할 때마다 상당히 긴장해.

가이드라인 whenever는 '~할 때는 언제든지, ~할 때마다'의 뜻으로 쓰이는 접속사이다. 접속사가 이끄는 절이므로 whenever 다음에 〈주어+동사〉의 어순으로 쓴 (C)가 정답이다.
be afraid of ~을 두려워하다 **nervous** 긴장한

4
A: 클리프턴 토머스가 누구인지 나한테 좀 알려줘.
B: 지금 인기를 얻고 있는 희곡을 쓴 작가야.

가이드라인 두 절을 잇는 관계사가 필요한데, 빈칸 뒤에 주어와 동사, 보어가 모두 갖춰져 있으므로, plays를 수식하는 소유격 관계대명사 (b)가 들어가야 알맞다.
remind 일깨우다 **play** 희곡

5
A: 이 돼지고기 바비큐 맛있지 않아, 그렇지 않니?
B: 응. 우리가 미국에서 먹는 것과는 완전히 다르네.

가이드라인 선택지에 나온 what은 선행사를 포함한 관계대명사이고 전치사 뒤에 쓰일 수 있다. 따라서 '~와 다른'이라는 뜻의 different from 뒤에 '우리가 먹는 것'의 의미로 what we eat를 쓴 (d)가 정답이다.
barbecued pork 돼지고기 바비큐 **totally** 완전히
the states 미국

6
상원의원은 기금 모금 파티에 참석했다고 주장했지만, 그것은 분명히 사실이 아니었다.

가이드라인 빈칸은 두 절을 잇는 접속사와 뒤 절의 주어 역할을 동시에 하는 관계대명사가 필요하다. 문맥상 앞 절 내용 전체를 선행사로 하는 계속적 용법으로 쓰는 (c) which가 정답이다.
senator 상원의원 **claim** 주장하다 **fundraiser** 기금 모금 파티
clearly 분명히

7
사이비 종교 집단 회원들은 신과 소통하고 있다고 믿었던 남자의 명령을 따랐다.

가이드라인 they believed는 관계대명사절 안에 삽입절이 들어간 형태이다. 이 삽입절을 제거하면 빈칸에는 전치사 from의 목적어와 두 절을 잇는 어구, 즉 선행사와 관계대명사가 필요하다. 선행사인 the man이 사람을 가리키므로 주격 관계대명사 who를 쓴 (d)가 알맞다.
cult 사이비 종교 집단

8
오늘날 살아 있는 육지 동물 중에 치타의 속도에 대적할 수 있는 것은 없다.

가이드라인 빈칸에는 land animal을 선행사로 하는 주격 관계대명사가 필요한데, 부정어인 no가 선행사를 수식하고 있으므로 (b) that이 정답이다.
match 대적하다

9   가족은 가지고 있는 얼마 안 되는 돈을 막내의 값비싼 의료비로 쓸 수밖에 없었다.

가이드라인   관계대명사가 들어갈 자리인데, 빈칸 앞에 선행사가 없으므로 선행사를 포함한 관계대명사 (c) what이 알맞다. what little they had는 거의 없는 것이나 마찬가지일 정도로 '가진 것이 없다'라는 뜻을 나타낸다.

medical treatment 의학적 치료

10   로마 검투사들은 5만 명이나 되는 관중들이 응원하는 콜로세움에서 상대와 싸웠다.

가이드라인   빈칸 앞에 선행사인 Colosseum이 장소를 나타내는 어구이고, 이어지는 관계절에 주어와 동사, 목적어가 모두 있으므로 관계부사가 오는 것이 맞다. 따라서 (c) where가 정답이다.

gladiator 검투사   **match** 상대, 적수   **Colosseum** 로마의 원형 경기장   **spectator** 관중   **cheer on** ~을 응원하다

11   (a) 범죄를 경찰에 신고할지 말지 결정을 못 내렸어.
     (b) 하지만 왜? 넌 그들이 범인을 잡는 걸 도울 수도 있잖아.
     (c) 반면에, 내가 위험해질 수도 있어.
     (d) 네가 무슨 일을 하든, 난 네 편이야.

가이드라인   (d)에서 However는 복합관계부사인데, 이어지는 관계절에서 do의 목적어가 없으므로 목적격 관계대명사가 필요하다. 따라서 However가 아닌 Whatever를 써야 한다.

on the other hand 반면에   **put A in danger** A를 위험에 처하게 하다   **support** 지지하다

12   (a) 피칸은 텍사스의 주목으로, 신경을 많이 쓰지 않아도 잘 자란다. (b) 그렇긴 하지만 피칸 나무는 근처에 사는 사람들에게 몇 가지 문제를 야기할 수 있다. (c) 한 가지는, 봄철에 방출하는 꽃가루가 어떤 사람들에게는 심한 알레르기를 일으킬 수 있다. (d) 그리고 가을에는 많은 나무들이 방울 형태의 끈적한 꽃가루를 방출해서, 그 아래 있는 모든 것들을 완전히 덮어버린다.

가이드라인   (d)에서 which가 이끄는 관계절에 주어가 없으므로 which는 주격 관계대명사가 된다. 이때 전치사 with는 목적격 관계대명사 앞에만 와야 하므로 which 앞에 전치사 with를 빼야 한다.

pecan 피칸(아메리카산 견과류의 일종)   **state tree** (주를 상징하는) 주목   **that said** 그렇긴 하지만   **pose a problem** 문제를 야기하다   **pollen** 꽃가루   **release** 방출하다   **severe** 심한   **droplet** 작은 물방울   **sticky** 끈적한

Answers ▷

1 (a) 2 (b) 3 (c) 4 (c) 5 (d)
6 (d) 7 (a) 8 (b) 9 (b) 10 (b)
11 (d) 12 (c)

1
A: 오늘 저녁에 산책 가자.
B: 일기 예보에서 그때 비가 올지도 모른대.

가이드라인 문맥상 '~일지도 모른다'는 뜻이 되어야 하므로 가능성, 추측을 나타내는 may가 알맞고, 앞으로의 일에 대한 것이므로 may rain이 되어야 한다. 따라서 (a)가 정답이다. (c)는 과거의 일에 대한 추측을 나타낸다.

go for a walk 산책 가다 **forecast** 일기 예보

2
A: 네 모자를 잃어버려서 정말 미안해.
B: 아, 그건 걱정하지 않아도 돼.

가이드라인 문맥상 '걱정할 필요가 없다'라는 뜻이 되어야 자연스러우므로 (b)가 알맞다. need not 대신 don't have to를 써도 된다.

3
A: 카일이 아직도 네 책을 돌려주지 않니?
B: 지난주에 돌려줬어야 하는데.

가이드라인 과거에 당연히 했어야 하는 일을 하지 않아서 유감이라는 뜻이 담겨 있으므로 should have p.p.를 쓴 (c)가 정답이다. (b)는 '돌려주어야 한다'라는 뜻이고, (d)는 '돌려줬음이 틀림없다'는 뜻이지만, He와 return의 관계는 능동의 의미이므로 수동태는 될 수 없다.

4
A: 우리가 묵을 호텔방을 이미 예약했어.
B: 그렇다면, 내가 또 예약하지 말아야겠다.

가이드라인 빈칸 뒤의 better not과 연결되어 '예약을 하지 않는 게 낫겠다'라는 의미로 어울리는 것은 (c) had이다. had better는 '~하는 게 좋을 것이다'라는 뜻이고, 부정은 뒤에 not을 붙인다.

book 예약하다

5
A: 새로운 마케팅 전략을 어떻게 생각해요?
B: 판매를 늘리는 데 분명 도움이 될 것 같아요.

가이드라인 빈칸 뒤에 well과 호응할 수 있는 것은 (d) may이다. may well은 '~할 것 같다'라는 뜻이다.

marketing strategy 마케팅 전략 **sales** 매출

6
만약 의사가 그 약의 부작용에 대해서 언급했더라면, 환자는 대체 약품을 선택했을 것이다.

가이드라인 If절에 had p.p.로 보아 가정법 과거완료 문장이다. 따라서 주절은 〈조동사의 과거형+have p.p.〉가 되어야 하므로 (d) would have chosen이 정답이다.

side effects 부작용 **patient** 환자 **alternative** 대안의
medication 약품

7
제2차 세계대전에서 추축국이 연합국을 물리쳤다면 오늘날 세계는 크게 달라졌을 것이다.

가이드라인 if절은 had p.p.로 보아 가정법 과거완료 문장이다. 하지만 주절은 today로 보아 현재의 일에 대한 가정을 나타내므로 가정법 과거를 써야 하는 혼합 가정법이 적용된다. 따라서 (a)가 정답이다.

Axis (powers) 추축국(제2차 세계대전 당시 독일, 일본, 이탈리아로 이루어진 삼국 동맹국) **defeat** 처부수다 **the Allies** 연합국

8
이사회에서 비첼 씨를 CEO로 승진시킨다면, 그는 금융 분야의 경험을 살려 회사를 부채에서 벗어나게 해줄 수 있을 것이다.

가이드라인 If절의 과거 동사로 보아, 가정법 과거를 나타내는 문장임을 알 수 있다. 따라서 주절에도 〈조동사의 과거형+동사원형〉의 가정법 과거가 들어가야 하므로 (b)가 정답이다.

board 이사회 **promote** 승진시키다 **financial** 재정[금융]의
debt 빚, 부채

9 한 번의 단순한 부주의한 행동이 없었더라면, 찰스 굿이어는 가황 고무를 발명하지 못했을지도 모른다.

주절의 might have p.p.로 보아, 가정법 과거완료 구문이다. 빈칸은 문맥상 '~가 없었더라면'이라는 뜻이 되어야 하므로, If it had not been for나 If를 생략하고 도치된 Had it not been for를 쓴다. 따라서 (b)가 정답이다.

carelessness 부주의 **invent** 발명하다 **vulcanized rubber** 가황 고무

10 마거릿은 지난 금요일 밤 자선 파티에서 오빠가 좀 더 예의 바르게 행동했더라면 좋았겠다고 생각했다.

wish가 이끄는 가정법 구문이다. wished라는 과거 동사보다 더 이전의 일을 가정하는 것이므로 가정법 과거완료 형태인 had p.p.를 써야 한다. 따라서 (b)가 정답이다.

politely 공손하게 **charity banquet** 자선 파티

11 (a) 우리 데이터를 모두 재확인했는데 어떤 오류도 없었어요.
(b) 알겠어요, 우리의 결과를 공식적으로 발표할 때가 된 것 같군요.
(c) 저를 팀원으로 뽑아주신 데 대해 다시 한 번 감사드립니다.
(d) 당신이 없었다면, 우리는 이런 획기적인 업적을 이루지 못했을 거예요.

(d)는 가정법 과거완료 구문(~이 없었더라면 …하지 못했을 거다)이므로, If절은 weren't를 hadn't been으로, 주절은 can을 could로 바꿔야 한다.

double check 재확인하다 **mistake** 실수 **officially** 공식적으로
breakthrough 획기적인 발견, 대성공

12 (a) 셈블라 재단에서는 샌프란시스코에 새로운 국내 본사를 개설하게 된 것을 알려드리게 되어 기쁘게 생각합니다. (b) 이번 건설 공사는 여러분의 넉넉한 기부 덕택에 가능했다는 것을 절대 잊지 않을 것입니다. (c) 우리 재단은 후원자 여러분들이 없으셨다면 그렇게 훌륭한 건물을 짓지 못했을 겁니다. (d) 가까운 시일 내에 특별 기념 행사를 반드시 준비할 것이니, 계속해서 관심 가져 주시기 바랍니다!

(c)에서 기부금을 모아 건물을 지은 것은 이미 과거의 일이므로, 가정법 과거완료 문장이 되어야 한다. 따라서 could never afford는 could never have afforded로, were it not은 had it not been으로 고쳐야 한다.

foundation 재단 **headquarters** 본사 **generous** 아까워하지 않는 **contribution** 기부 **supporter** 후원자 **organize** 조직하다
celebratory 기념하는 **stay tuned** 계속해서 채널을 고정하다

Answers ▷

1 (c) **2** (b) **3** (a) **4** (b) **5** (c)
6 (c) **7** (c) **8** (c) **9** (a) **10** (a)
11 (c) **12** (c)

1 A: 필요한 비품 있어요?
　 B: 네, 프린터에 종이가 별로 남아 있지 않네요.

가이드라인　paper는 물질명사로서 부정관사를 붙이거나 복수형으로 쓰지 않으며 much나 little의 수식을 받으므로 (c)가 정답이다.

supply 재고품, 비품

2 A: 테드와 일하는 것을 왜 싫어하죠?
　 B: 그가 최근에 계속 의심스러운 결정을 해와서요.

가이드라인　series는 '연속되는 것'을 가리키며, 단수와 복수 형태가 같다. 따라서 '일련의, 잇따른'이라는 뜻의 a series of를 이루는 (b)가 정답이다.

make a decision 결정을 내리다 **questionable** 의심스러운

3 A: 나한테 할 말이 있나요, 사라?
　 B: 클린턴 씨라는 분이 전화하셨습니다.

가이드라인　사람 이름 같은 고유명사 앞에는 원래 관사를 붙이지 않지만 '~라는 사람'이라는 뜻일 때는 부정관사를 붙일 수 있다. 따라서 (a)가 정답이다.

4 A: 영업 회의에 몇 명이나 왔어요?
　 B: 아, 수백 명은 참석한 것 같아요.

가이드라인　수백 명, 수천 명 등 막연한 수를 나타내는 것은 복수형으로 뒤에 전치사 of를 수반한다. 따라서 hundreds of people이 됨을 알 수 있으므로 (b)가 정답이다. 특정한 숫자를 표현한 (c) a[one] hundred people은 전치사를 덧붙이지 않으므로 답이 될 수 없다.

conference 회의 **in attendance** 참석한

5 A: 저 아이가 내게 한 말이 믿기지가 않아요.
　 B: 부모가 예의를 더 잘 가르쳐야겠군요.

가이드라인　manner는 단수일 때는 '방식, 태도'라는 뜻이고, 복수일 때는 '예절'이라는 뜻이다. 빈칸에는 '예절'이라는 뜻이 어울리고, 비교급 앞에는 관사를 붙이지 않으므로 (c)가 정답이다.

6 토머스 밀퍼드의 〈첫눈에〉는 1982년에 출간되어 바로 성공을 거두었다.

가이드라인　추상명사에는 원래 부정관사가 붙지 않지만, 구체적인 행위나 사람, 사물을 나타낼 때는 붙일 수 있다. a successs가 '성공한 사람, 성공작'이라는 뜻으로 쓰였으므로 (c)가 정답이다.

publish 출간하다 **instant** 즉각적인

7 양국은 평화 조약에 서명한 이후로 서로 우호적인 관계를 유지해 오고 있다.

가이드라인　term이 '사이, 관계'라는 뜻으로 쓰일 때는 둘 이상이 관계된 것이므로 복수형으로 쓴다. '~와 관계가 좋다'라고 할 때 be on good terms with라고 하므로 (c)가 정답이다.

sign 서명하다 **peace treaty** 평화 조약

8 작년 이맘때 이후로, 석유 가격이 배럴당 거의 30달러가 올랐다.

가이드라인　문맥상 '배럴당, 1배럴마다'라는 뜻이 되어야 한다. '~당, 매 ~마다(per)'라는 뜻을 나타낼 때 단위 앞에 부정관사를 붙이므로 (c)가 정답이다.

9   홍수나 지진이 일어날 경우, 도시에서 지하철로 이동하는 것은 안전하지 않다.

가이드라인 '~을 타고'라는 뜻으로 교통수단을 나타낼 때는 교통수단 앞에 관사 없이 바로 by를 쓴다. 따라서 (a)가 정답이다. 하지만 같은 뜻으로 on the subway, on a bus처럼 쓸 수도 있다.

in case of ~의 경우에   **flood** 홍수   **earthquake** 지진

10   일부 이웃 주민들은 새로운 제한 속도를 지지한 반면, 다른 사람들은 그것에 반대했다.

가이드라인 빈칸은 부사절의 주어인 some과 대구를 이루어, '어떤 사람들은 ~, 반면 또 다른 사람들은 ~'이라는 뜻으로 이어진다. 이때 some과 others를 쓰므로 (a)가 정답이다.

speed limit 제한 속도

11   (a) 이거 누구 짐이에요? 이 가방들은 정말 무겁네요!
(b) 제 건데, 카메라 장비로 가득 차 있어요.
(c) 그렇게 많은 장비를 가지고 어떻게 여행을 할 수 있는지 이해할 수 없어요.
(d) 전 전문 사진작가라서 그럴 수밖에 없어요.

가이드라인 (c)에서 gear는 '(특정 활동에 필요한) 장비'라는 뜻으로, 물질명사이다. 따라서 many gears는 much gear로 고쳐야 한다.

luggage 짐   **equipment** 장비   **gear** 기어; 장비   **professional** 전문적인

13   (a) 전형적인 이야기는 세 부분으로 구성되는데, 각각은 특정한 기능을 담당한다. (b) 상승부는 갈등을 소개하고 그 주변에 긴장을 조성함으로써 독자들의 관심을 유발한다. (c) 그 다음, 갈등이 최고조가 되는 절정이 오는데, 여기가 이야기에서 가장 흥미로운 부분이다. (d) 마지막으로, 결말에 다가가는 하강부는 독자들이 전체적으로 이야기의 더 깊은 의미를 이해하는 데 도움을 준다.

가이드라인 (c)에서 part를 수식하는 most exciting은 형용사의 최상급이므로 앞에 정관사 the를 붙여야 한다.

typical 전형적인   **be composed of** ~으로 이루어지다   **specific** 특정한   **function** 기능   **hook** 유혹하다, 꾀어내다   **conflict** 갈등   **tension** 긴장   **climax** 절정   **falling action** 하강부

Answers ⌐

1 (d) 2 (a) 3 (b) 4 (a) 5 (c)
6 (b) 7 (b) 8 (c) 9 (a) 10 (c)
11 (c) 12 (d)

1
A: 이 재무 프로그램 어때요?
B: 솔직히, 사용하기가 매우 어려워요.

가이드라인 ▶ 빈칸에는 find의 목적격 보어가 필요하므로 형용사가 들어가야 알맞다. 〈find+목적어+형용사〉는 '목적어가 ~하다고 생각한다'라는 뜻으로 (d)가 정답이다. 빈칸 뒤의 to부정사는 hard를 수식하는 어구이다.

honestly 솔직히

5
A: 진, 이렇게 우연히 만나게 되어 정말 반가워요.
B: 네, 요즘 통 만나지 못했네요.

가이드라인 ▶ 문맥상 '요즘'이라는 뜻이 되어야 하므로 (c)가 정답이다. late는 형용사와 부사로 모두 쓰여 '늦은, 늦게'의 뜻인 반면, lately는 '요즘'이라는 뜻의 부사이므로 구별하여 알아둬야 한다.

run into ~와 우연히 마주치다

2
A: 요트를 살까 생각 중이야.
B: 유지하는 데 비용이 꽤 많이 든다고 하던데.

가이드라인 ▶ B에서 maintaining boats가 that절의 주어이고 빈칸은 이에 대한 보어가 들어갈 자리이다. (a)는 -ly로 끝나서 부사로 착각하기 쉽지만 '비용이 드는'이라는 뜻의 형용사이다. 따라서 (a)가 정답이다.

sailboat 범선, 요트 **maintain** 유지하다 **costly** 비용이 많이 드는
costing 비용 산출

6
도급업자는 향나무로 갑판을 건설하는 것이 소나무를 이용하는 것보다 더 비싸다고 말했다.

가이드라인 ▶ building the deck out of cedar와 빈칸 뒤의 using pine을 비교하는 내용이므로 비교 구문이 들어가야 알맞다. 따라서 〈비교급+than〉으로 이루어진 (b)가 정답이다.

contractor 계약자 **deck** 갑판 **cedar** 향나무 **pine** 소나무

3
A: 이 페인트 도료를 어떻게 발라야 하죠?
B: 붓을 이용해서 표면을 완전히 덮으세요.

가이드라인 ▶ 빈칸에는 뒤에 나오는 동사 cover를 수식하는 어구가 들어가야 하므로 부사인 (b)가 알맞다.

apply 바르다 **sealer** 초벌칠용의 도료 **surface** 표면 **complete** 완전한 **completion** 성취

7
미국 남북전쟁은 미국 군인들에게 단연 가장 치명적인 전쟁이었으며, 총 625,000명이 희생되었다.

가이드라인 ▶ 비교의 대상이 없으므로 deadly의 최상급인 the deadliest를 쓰는 것이 알맞다. 최상급은 much, by far 등이 수식하므로 (b)가 정답이다.

conflict 전투, 갈등 **result in** ~의 결과로 되다 **deadly** 치명적인
by far 단연

4
A: 새로 나온 액션 영화가 보고 싶어요.
B: 안타깝게도 그렇게 훌륭하진 않아요.

가이드라인 ▶ 빈칸 뒤에 있는 형용사를 수식하여 의미가 통하는 부사를 골라야 한다. (a) that이 '그렇게, 그 정도로'라는 뜻의 부사로 쓰여 형용사를 수식하므로 정답이다. (b) such는 형용사이기 때문에 또 다른 형용사를 수식할 수 없다.

nearby 가까운, 가까이에

8
캘리포니아 해안의 미국 삼나무는 세계 어느 종의 나무보다 더 높이 자란다.

가이드라인 ▶ 〈비교급+than any other〉는 최상급의 의미를 나타낸다. 따라서 빈칸에는 비교급 표현인 taller than이 와야 하므로 (c)가 정답이다.

coastal 해안의 **redwood** 미국 삼나무

9   4분기 동안, 랭던 사의 매출은 주요 경쟁업체보다 네 배나 더 빨리 증가했다.

가이드라인   문맥상 '네 배 더 빠르게'라는 뜻이므로 비교급 faster than 앞에 '네 배'라는 뜻의 four times를 덧붙인 (a)가 정답이다. (b)는 순서를 바꿔서 four times as fast as라고 하면 가능하다.

quarter 분기   **competitor** 경쟁업체

10   모차르트는 당대의 다른 어떤 작곡가들보다 더 재능이 있었기 때문에 질투의 대상이 되었다.

가이드라인   비교급을 사용하여 최상급 의미를 나타낸 문장이다. than 뒤에 나오는 비교 대상이 단수이면 any other를 쓰고, 복수이면 all the other를 쓰는데, 빈칸 뒤에 복수 명사인 composers가 나오므로 (c)가 정답이다.

envy 부러워하다   **composer** 작곡가

11   (a) 이건 집에서 가장 쓸모 없는 선반이에요.
         (b) 왜 그걸 사용하는 걸 싫어해요?
         (c) 내가 닿기에는 벽에 너무 높이 있어서요.
         (d) 낮추는 게 그리 어려울 것 같지 않은데요.

가이드라인   highly는 강도가 높은 것을 나타내어 '대단히, 매우'라는 뜻이다. 따라서 (c)에서 위치상 '높게'라고 할 때는 부사 high를 써야 한다. high, fast, late 등은 형용사와 부사의 형태가 같다.

shelf 선반   **place** 놓다, 두다   **lower** 낮추다

12   (a) 어떤 신체 활동과 마찬가지로, 탱고를 추는 것도 이론적인 가르침과 규칙적인 연습이 필요하다. (b) 한번 춤을 시도해 보고 제대로 수행하지 못한다고 낙담해서는 안 된다. (c) 대신에, 여러분에게 인기 있는 이 춤의 기본을 가르쳐 줄 수 있는 친절한 선생을 찾아라. (d) 그 후에는, 진지하게 연습하면 할수록 더 빨리 향상될 것이다.

가이드라인   (d)는 뒤에 the quicker가 나오는 것으로 보아, 〈the+비교급, the+비교급〉(~하면 할수록 더 …하다) 구문임을 알 수 있다. 따라서 the most seriousness를 the more seriously로 고쳐야 한다.

physical 신체의   **require** 요구하다   **knowledgeable** 지식 있는 **instruction** 가르침   **discouraged** 낙담한   **attempt** 시도하다 **performance** 수행, 공연   **friendly** 친절한   **basics** 기초

Unit 12 텝스 문법 집중 공략

◐ 본책 P123

Answers

1 (c) 2 (a) 3 (d) 4 (c) 5 (d)
6 (d) 7 (d) 8 (a) 9 (a) 10 (d)
11 (b) 12 (c)

1
A: 우리 서로 못 본 지 4년 됐어.
B: 틀림없이 그때 이후로 변한 것이 많겠지.

가이드라인 문맥상 '~이후로'라는 뜻으로 현재완료 시제와 어울리는 것은 (c) since이다. during이나 for 다음에는 구체적인 기간이 나와야 하므로 알맞지 않다. 같은 뜻으로 from then on(그 이래로)을 쓸 수도 있다.
bet 장담하다

2
A: 네 마케팅 제안서는 기한이 언제까지야?
B: 다음 주 목요일까지는 끝낼 시간이 있어.

가이드라인 얼핏 목요일까지만 끝내면 된다는 뜻으로 (c) by를 답으로 착각하기 쉽다. 하지만 여기서는 끝낼 때까지 가질(I have) 수 있는 시간을 지칭하므로, 온전히 목요일까지를 나타내는 (a) until이 들어가야 한다.
proposal 제안(서)

3
A: 아직 여행가방을 싸야 해.
B: 서둘러, 출발 시간이 한 시간도 남지 않았으니까.

가이드라인 '지금부터 ~후에'라는 뜻으로 시간을 나타낼 때 전치사 in을 쓰므로 (d)가 정답이다. in less than an hour는 '지금부터 한 시간이 채 안 되어'라는 뜻이다.
pack (짐을) 싸다 **suitcase** 여행가방

4
A: 난 교수님이 하시는 말은 전부 적으려고 노력해.
B: 필기하는 동안 주의를 집중해야 한다는 걸 기억해.

가이드라인 문맥상 '~하는 동안'이라는 뜻이 되어야 자연스러우므로 (c) while이 알맞다. 부사절에서 〈주어+be동사(you're)〉는 생략할 수 있다.
write down 적어 놓다 **pay attention** 주의하다
take notes 필기하다

5
A: 매트와 함께 축구 경기에 갔었니?
B: 응, 난 축구 보는 것을 도저히 견딜 수 없는데 말이야.

가이드라인 축구 경기에 갔다는 말과 원래 축구를 도저히 못 본다는 말은 서로 양립할 수 없는 내용이므로 '~에도 불구하고'라는 뜻의 (d) even though가 들어가야 알맞다.
stand 참다, 견디다

6
모든 자원봉사자들은 공급품들을 풀어서 그것들을 서로 다른 종류별로 간추리느라 분주했다.

가이드라인 빈칸 앞의 접속사 and를 기준으로 unpacking과 병렬 관계에 있으므로 같은 형태인 organizing이 들어가야 하며, 타동사인 organize는 목적어가 필요하므로 (d)가 정답이다.
volunteer 자원봉사자 **be busy -ing** ~하느라 바쁘다 **unpack** (짐을) 풀다 **category** 범주

7
강풍과 폭우에도 불구하고, 두 팀은 경기를 계속하기로 결정했다.

가이드라인 문맥상 '~에도 불구하고'라는 뜻이 되어야 자연스러우므로 (d) In spite of가 정답이다. 빈칸 뒤에 절이 아닌 명사구가 나오므로 접속사인 (b) Although는 들어갈 수 없다.

8
카타리나는 다리가 부러졌을 때, 석 달 동안 깁스를 해야 했다.

가이드라인 '~동안'이라는 뜻으로 빈칸 뒤에 숫자를 포함한 기간이 나올 때 전치사 for를 쓴다. 따라서 (a)가 정답이다.
wear a cast 깁스를 하다

24

9   보좌관은 그 정치인이 돈을 받음으로써 자신이 법을 어기고 있다는 사실을 알고 있었다고 주장했다.

가이드라인 빈칸 이하의 절은 claimed의 목적어가 된다. 따라서 주어, 보어, 목적어 등의 명사절을 이끄는 접속사 (a) that이 들어가야 한다.

aide 측근, 보좌관

10   트래프턴 씨는 어렸을 때 애완동물을 기르는 것이 허락되지 않았지만, 분명 기르는 것을 좋아했을 것이다.

가이드라인 애완동물을 기르지 못했다는 사실과 그것을 좋아했었을 것이라는 가정은 서로 대립되는 내용이므로, '비록 ~이긴 하지만'이라는 뜻의 (d) though가 알맞다. 빈칸 뒤에 절이 나오므로 전치사인 (a) despite는 쓸 수 없다.

permit 허락하다

11   (a) 이런 사업 회의에 참석하는 게 너무 지겨워요.
    (b) 원하든 원하지 않든, 갈 수밖에 없잖아요.
    (c) 알아요, 최신 발전 상황을 따라잡아야 하니까요.
    (d) 그뿐만 아니라, 사장님도 당신이 일을 잘하고 있다는 것을 알고 계세요.

가이드라인 (b)는 '~하든 말든'이라는 뜻의 부사절이므로 If가 아닌 Whether를 써야 한다. if는 '~인지 아닌지'라는 뜻으로 명사절을 이끈다.

keep up with ~에 뒤처지지 않고 따라가다 **latest** 최신의
development 발달, 성장

12   (a) 9월 14일 오전 8시에 귀하의 건물에 전기가 차단될 것임을 알려드리는 바입니다. (b) 귀하의 지역 전력망에 대해 직원들이 정기 정비를 하는 동안 차단이 이어질 것입니다. (c) 당일 정오까지나, 아니면 다음 날 다시 돌아와 업무를 마칠 계획입니다. (d) 문의사항이 있으시면, 555-6607로 샌드라 오코너에게 연락해 주십시오.

가이드라인 (c)는 either A or B를 이용한 구문이다. 이때 A와 B는 동등한 형태를 취해야 하므로 complete와 균형을 맞추기 위해 or 다음에 return만 와야 한다. 따라서 or 뒤에 they를 빼는 것이 맞다.

notice 공고 **inform** 알리다 **electricity** 전기 **shut off** 차단하다
property 건물 **routine** 일상의 **maintenance** 정비
power grid 전력망

Unit 01 고빈도 동사

● 본책 P136

Answers ▷

1 (d)	2 (a)	3 (a)	4 (d)	5 (b)	6 (a)
7 (c)	8 (d)	9 (b)	10 (d)	11 (b)	12 (a)
13 (b)	14 (a)	15 (c)	16 (a)		

1
A: 그 정치가는 왜 곤경에 빠져 있나요?
B: 뇌물을 받았대요.
(a) 관찰하다　　　　(b) 부인하다
(c) 결심하다　　　　(d) 받다

가이드라인　bribe(뇌물)를 목적어로 취해 정치가가 곤경에 빠진 이유가 되는 선택지는 '받아들이다'라는 의미인 (d) accepted이다. accepted 대신 took을 써도 된다.

in trouble 곤경에 빠진　**bribe** 뇌물　**observe** 관찰하다　**deny** 부인하다　**resolve** 결심하다, (문제 등을) 해결하다

2
A: 매트가 다리를 저는 것 같아요.
B: 스키를 타다가 부상당했어요.
(a) 부상을 입히다　　(b) 내밀다
(c) 막다　　　　　　(d) 전하다

가이드라인　limp(다리를 절다)의 뜻을 알아야 풀 수 있는 문제이다. 선택지 중에 다리를 저는 것과 관계있는 단어는 '부상당하다'라는 뜻인 (a) injured이다. 동의어로 hurt, wound가 있다.

limp 다리를 절다　**injure** 부상당하다　**extend** (손·발 등을) 뻗다, 내밀다　**block** 막다　**convey** 전하다, 운반하다

3
A: 돈을 얼마나 모을 작정이에요?
B: 자선 기금으로 600달러 이상을 모금하고 싶어요.
(a) (자금을) 모으다　(b) 찌르다
(c) 잡다　　　　　　(d) 채택하다

가이드라인　문맥상 빈칸에는 A가 말한 collect와 연관된 단어가 와야 하므로 '모금하다'라는 뜻의 (a)가 정답이다. raise는 이 밖에 '들어 올리다, 기르다'라는 뜻으로도 많이 쓰이므로 함께 알아두자.

aim to ~할 작정이다　**collect** 모금하다　**charity** 자선　**raise** (돈을) 모으다, 마련하다　**stick** 찌르다　**adopt** 채택하다

4
A: 칼에게 오늘 멋져 보인다고 말했어요.
B: 그 말에 자신감이 한층 높아지겠네.
(a) 덮다　　　　　　(b) 보류하다
(c) 초래하다　　　　(d) 돋우다

가이드라인　멋져 보인다는 말을 들었을 때 자신감이 어떻게 될지 생각해 보면 '신장시키다'라는 뜻의 (d) boost가 정답이다.

self-esteem 자부심, 자존감　**reserve** 예약하다, 보류하다　**incur** 초래하다　**boost** 신장시키다, 북돋우다

5
A: 의사가 뭐라고 해요?
B: 하루에 두 번 직접 약을 투여해야 해요.
(a) 빈둥빈둥 보내다　(b) 투여하다
(c) 회복시키다　　　(d) 상담하다

가이드라인　의사가 할 수 있는 말로, drug(약)를 목적어로 취하는 동사는 '약을 투여하다'라는 뜻인 (b) administer이며, '관리하다, 집행하다'라는 뜻도 있음에 유의한다.

lounge (시간을) 빈둥빈둥 보내다　**administer** (약을) 투여하다　**revive** 회복시키다　**consult** 상담하다, 찾아보다

6
A: 이 크림을 어떻게 써야 할지 잘 모르겠어.
B: 바르는 방법을 가르쳐 줄게.
(a) 바르다　　　　　(b) 암시하다
(c) 대답하다　　　　(d) 공급하다

가이드라인　크림 사용법에 대해 묻고 있으므로 '(크림·약 등을) 바르다'라는 뜻의 (a) apply가 정답이다.

apply (크림·약 등을) 바르다　**imply** 암시하다　**reply** 대답하다　**supply** 공급하다

7
A: 학기말 리포트에 철자 오류가 너무 많아.
B: 그건 성적에 영향을 미치지 않는다고 교수님이 말씀하셨어.
(a) 극복하다　　　　(b) 호의를 보이다
(c) 영향을 미치다　　(d) 보충하다

가이드라인　grade(성적)를 목적어로 취해 말이 자연스럽게 이어지는 선택지는 '영향을 미치다'라는 뜻의 (c) affect이다.

term paper 학기말 리포트　**overcome** 극복하다　**favor** 호의를 보이다　**affect** 영향을 미치다　**supplement** 보충하다

8
A: 오늘 제가 어떻게 도와드릴까요?
B: 제 계좌로 돈을 좀 넣어야 해요.
(a) 경보를 발하다　　(b) 착수하다
(c) 부과하다　　　　(d) 이체하다

가이드라인　은행 직원과 고객 간의 대화로, 은행 업무와 관련된 단어를 우선적으로 찾아 보면 '이체하다'라는 뜻의 (d) transfer가 정답이다.

account 계좌　**alert** 경보를 발하다　**undertake** 착수하다　**impose** 부과하다　**transfer** 옮기다

9 어려운 시합이었지만 레이븐스가 상대 팀을 물리치고 경기에 이겼다.

(a) 때리다　　　　　　(b) 패배시키다
(c) 닫다　　　　　　　(d) 지키다

가이드라인　문맥상 빈칸에는 뒤의 won과 일맥상통하는 단어가 와야 하므로 '패배시키다'라는 뜻인 (b) beat가 정답이다. 동의어로는 defeat가 있다.

opponent 상대　**tournament** 경기 대회　**beat** 패배시키다, 이기다

10 식물 및 동물 종들이 진화하는 이유는 환경 변화에 적응해야 하기 때문이다.

(a) 이주하다　　　　　(b) 처방하다
(c) 회복시키다　　　　(d) 적응하다

가이드라인　빈칸 뒤의 to와 어울려 문맥상 가장 자연스럽게 연결되는 동사를 고른다. '~에 적응하다'라는 뜻의 adapt to를 이루는 (d)가 정답이다. adapt는 '개작하다, 각색하다'라는 뜻으로도 많이 쓰이므로 함께 알아두자.

evolve 진화하다　**migrate** 이동하다　**prescribe** 처방하다
restore 회복시키다　**adapt** 적응하다

11 에이브러햄 링컨은 자신의 경력 초반에 미국에서 실행되고 있는 노예 제도를 종식시키자는 내용의 결의안을 승인했다.

(a) 회복하다　　　　　(b) 승인하다
(c) 겪다　　　　　　　(d) 용서하다

가이드라인　목적어 resolutions(결의안)을 목적어로 취해 가장 의미가 잘 통하는 동사는 '승인하다'라는 의미인 (b) endorsed이다.

resolution 결의안　**endorse** (공개적으로) 지지하다, 보증하다
undergo (특히 안 좋은 일을) 겪다　**forgive** 용서하다

12 자선 단체 직원들은 대중으로부터 기부금을 얻기 위해 집집마다 돌아다녔다.

(a) 간청하다　　　　　(b) 처리하다
(c) 설립하다　　　　　(d) 추정하다

가이드라인　자선 단체 직원들이 donations(기부금)와 관련하여, 무슨 목적으로 집집마다 돌아다닐지 생각해 보면 '간청하다'라는 뜻의 (a) solicit가 가장 적절하다.

door to door 집집마다　**donation** 기부　**solicit** 간청하다, 얻으려고 하다　**address** (어려운 문제 등을) 다루다, 처리하다　**institute** 세우다, 설립하다　**assume** 추정하다

13 잭슨 씨는 그 행사에서 연설해 달라는 요청을 받았지만 막판에 거절했다.

(a) 연기하다　　　　　(b) 거절하다
(c) 재개하다　　　　　(d) 경쟁하다

가이드라인　연설 요청을 받았지만 역접의 접속사 but이 다음에 왔으므로 앞서 언급한 것과 상반되는 내용이 이어져야 한다. 따라서 정답은 '거절하다'라는 의미인 (b) declined이다.

be invited to ~하도록 요청받다　**at the last minute** 마지막 순간에　**suspend** 연기하다　**decline** 거절하다　**resume** 재개하다
compete 경쟁하다

14 화학과 교수는 그 대학원생의 연구 결과가 잘못됐다며 이의를 제기했다.

(a) 이의를 제기하다　　(b) 충족시키다
(c) 단언하다　　　　　(d) 유지하다

가이드라인　마지막의 saying they were false로 보아, 빈칸에는 '이의를 제기하다'라는 뜻의 (a) challenged가 오는 것이 적절하다.

chemistry 화학　**graduate student** 대학원생　**findings** (조사·연구) 결과　**challenge** 이의를 제기하다　**indulge** (욕구 등을) 채우다, 충족시키다　**affirm** 단언하다　**retain** 유지하다

15 기업가는 보다 사용하기 쉬운 소프트웨어의 필요성을 인식하고 그것을 만드는 사업을 시작했다.

(a) 연기하다　　　　　(b) 용이하게 하다
(c) 인식하다　　　　　(d) 위태롭게 하다

가이드라인　어떤 물건을 만드는 사업을 시작하기 전에 그 물건에 대한 필요성을 '인식했다'라고 이어져야 의미상 자연스러우므로 정답은
(c) recognized이다.

entrepreneur 사업가, 기업가　**postpone** 연기하다　**facilitate** 용이하게 하다　**jeopardize** 위태롭게 하다

16 듣자 하니, 시설 관리 직원이 공장 내부의 공기 청정도를 체크하는 동안 가스 누출을 발견한 것 같다.

(a) 관찰하다　　　　　(b) 옹호하다
(c) 자극하다　　　　　(d) 참고 표시를 하다

가이드라인　while과 빈칸 사이에 he[she] was가 생략되어 있는 구문으로, 시설 관리 직원이 가스 누출을 발견하는 것은 공기 청정도를 어떻게 하는 동안 가능할지를 생각해 보면 '관찰하다'라는 뜻의 (a) monitoring이 정답이다.

apparently 듣자 하니　**maintenance** 관리, 유지　**leak** 누출
monitor 감시하다, 관찰하다　**advocate** 옹호하다　**stimulate** 자극하다　**reference** 참고 표시를 하다

1
A: 내가 택한 길로 가면 폭풍을 뚫고 갈 수 있을 거야.
B: 제발 좀 더 조심해서 운전해.
(a) 주의　　　　　　　(b) 특권
(c) 기쁨　　　　　　　(d) 요인

가이드라인 　폭풍을 헤치고 운전하는 사람에게는 조심(caution)하라고 하는 것이 자연스러우므로 정답은 (a)이다. with caution은 '조심하여, 신중하게'라는 뜻의 관용표현이므로 알아두자.
caution 조심, 주의　**privilege** 특전, 특권　**factor** 요인

2
A: 직원들이 왜 모두 떠나고 있나요?
B: 파업할 건가 봐요.
(a) 결과　　　　　　　(b) 파업
(c) 변화　　　　　　　(d) 붕괴

가이드라인 　선택지 중에서 직원들이 일터를 떠나는 이유가 될 만한 것은 '파업'이라는 뜻의 (b)이다. strike는 '파업하다'라는 동사로도 쓰이며 go on strike는 take strike action으로 바꿔 쓸 수 있다.
effect 영향, 결과　**shift** 변화, 교대 근무　**crash** 충돌, 붕괴

3
A: 회의가 4시 30분에 있어요, 맞죠?
B: 의사 일정에 따르면 그게 맞습니다.
(a) 청구서　　　　　　(b) 우선 사항
(c) 의사 일정　　　　　(d) 조사

가이드라인 　회의 시간 등이 나와 있는 것으로 알맞은 것은 '의사 일정'이라는 뜻의 (c)이다. agenda는 이 밖에 '의제, 안건'이라는 뜻으로도 많이 쓰인다.
bill 청구서, 계산서　**priority** 우선 사항　**agenda** 의사 일정, 의제　**survey** 조사, 측량

4
A: 협상을 끝낸 걸 축하해요!
B: 하지만 그쪽에서 아직 계약서에 서명을 안 했어요.
(a) 서식　　　　　　　(b) 기준
(c) 계약서　　　　　　(d) 판

가이드라인 　B가 역접의 접속사 But으로 시작했으므로 A와 상반되는 말을 한다는 것을 염두에 두고 문제를 풀도록 한다. 협상은 끝냈지만 서명을 아직 못했다고 했고, 그 서명하는 대상은 '계약서'가 될 것이므로 (c) contract가 정답이다.
close the deal 협상을 끝내다, 거래를 맺다　**format** 판형, 서식　**edition** (초판·재판의) 판

5
A: 지금까지 타본 것 중 가장 불편한 비행이었어요.
B: 네, 환불을 할 수 없는 게 유감이군요.
(a) 환불　　　　　　　(b) 의견 일치
(c) 한계　　　　　　　(d) 잔고

가이드라인 　비행이 불편했다면 환불(refund)하고 싶은 마음이 들었을 것이고, 이를 하지 못해 유감이라고 하는 것이 자연스러우므로 (a)가 정답이다.
pity 유감, 애석한 일　**refund** 환불　**consensus** 의견 일치, 합의　**balance** 잔고, 잔액

6
A: 오늘 밤 우리랑 춤 추러 오지 않을래?
B: 미안하지만 내일 아침에 제출해야 할 과제가 있어.
(a) 절차　　　　　　　(b) 과제
(c) 수수료　　　　　　(d) 데이트

가이드라인 　초대 제의에 Sorry로 답하고 있으므로 빈칸에는 춤 추러 가지 못하는 이유가 될 만한 단어가 와야 한다. 따라서 정답은 '과제'라는 뜻의 (b) assignment이다.
due ~하기로 되어 있는　**procedure** 절차　**assignment** 과제　**fee** 수수료

7
A: 머리가 아프고 열이 나요.
B: 그건 독감의 일반적인 증세예요.
(a) 관세　　　　　　　(b) 승진
(c) 증상　　　　　　　(d) 수치

가이드라인 　머리가 아프고 열이 나는 것은 독감의 일반적인 증상(symptom)이라고 해야 자연스러우므로 정답은 (c)이다. run[have] a temperature(열이 나다)는 have a fever로 바꿔 쓸 수 있다.
hurt 아프다　**run a temperature** 열이 나다　**flu** 독감　**tariff** 관세　**promotion** 승진, 홍보　**symptom** 증상　**figure** 수치

8
A: 짐을 찾았는데 이제 뭘 해야 하죠?
B: 세관을 통과해야 해요.
(a) 군중　　　　　　　(b) 벌금
(c) 세관　　　　　　　(d) 규칙

가이드라인 　여행용 짐(luggage)을 통해 공항이나 항구에서 일어나는 대화임을 추론할 수 있으며, 짐을 찾은 후 해야 될 일을 생각해 보면 빈칸에는 '세관'이라는 뜻의 (c)가 오는 것이 적절하다. custom이 '세관'을 뜻할 때는 항상 복수형으로 쓴다는 점에 유의한다.
pick up 찾다, 집어 들다　**luggage** 짐, 수하물　**go through** 빠져 나가다　**fine** 벌금　**customs** (공항·항구의) 세관

9 현대의 여행자들은 항공사를 고를 때 수많은 선택권이 있다.

(a) 목적지　　　　(b) 무수함
(c) 책임　　　　　(d) 논쟁

가이드라인 a myriad of(= myriads of)가 a lot of와 같은 의미라는 것을 알면 쉽게 풀 수 있는 문제로, 빈칸 뒤의 options와 어울리는 것은 '수많은'이라는 뜻의 (b)이다.

when it comes to ~에 관한 한, ~에 대해서는　**destination** 목적지, 행선지　**a myriad of** 수많은　**dispute** 논쟁, 분쟁

10 랜드스터 제조회사의 최고 경영진 몇 명이 회사에서 돈을 훔친 혐의로 기소되었다.

(a) 간격　　　　(b) 재단
(c) 중역　　　　(d) 임명

가이드라인 be charged with(~의 혐의로 기소되다)의 주어는 사람이 되어야 하므로 정답은 '이사, 중역'이라는 뜻의 (c) executives이다. chief executive officer는 '최고경영자(CEO)'를 뜻한다.

be charged with ~의 혐의로 기소되다　**foundation** 토대, 재단　**executive** 경영 간부, 이사　**appointment** 약속, 임명

11 중국에서 파괴적인 지진이 일어나자 전세계에서 구호품이 쏟아져 들어왔다.

(a) 기준　　　　(b) 소포
(c) 재료　　　　(d) 구호

가이드라인 빈칸 뒤의 supplies(물자)와 함께 관용적으로 쓰는 명사를 고르도록 한다. 지진이 발생한 곳에는 구호 물자가 쏟아질 것이므로 '구호 물자'라는 어구를 이루는 (d) relief가 정답이다.

devastating 파괴적인　**criteria** 표준, 기준　**package** 꾸러미, 소포　**ingredient** 재료, 성분　**relief** 구호(품)

12 세계에서 가장 부유한 국가 지도자들이 내일 기후 변화 정상 회담에 참석할 것이다.

(a) 정의　　　　(b) 정상
(c) 공연　　　　(d) 휴식

가이드라인 빈칸 뒤의 meeting(회의)과 함께 관용적으로 쓰이는 명사를 고르도록 한다. 국가 지도자들이 참석한다고 했으므로 '정상 회담'이라는 뜻의 summit meeting을 이루는 (b)가 정답이다.

definition 정의　**summit** 정상　**performance** 공연　**recess** 휴회, 휴정

13 〈하트퍼드 데일리 타임즈〉 1면에 광고를 내는 데 약 500달러의 비용이 든다.

(a) 광고　　　　(b) 예방책
(c) 추론　　　　(d) 요건

가이드라인 place와 짝을 이루어 쓰이는 명사를 고르는 문제로, '광고를 내다'라는 뜻의 place an advertisement를 이루는 (a)가 정답이다. place 대신 put이나 run을 써도 된다.

charge (요금·값을) 청구하다　**place an advertisement** 광고를 내다　**front page** (신문의) 제1면　**precaution** 예방책　**inference** 추론　**requirement** 요건

14 그 군인은 문제를 직접 대령에게 보고함으로써 지휘 계통을 깨뜨렸다.

(a) 지휘　　　　(b) 가식
(c) 주장　　　　(d) 유지

가이드라인 군인이 문제를 직접 보고함으로 인해 깨뜨려지는 것은 '지휘 체계'일 것이므로 빈칸 앞의 the chain of와 짝을 이루는 명사인 (a) command가 정답이다.

chain of command 지휘 계통　**colonel** 대령　**pretense** 가식, 위장　**allegation** 혐의, 주장　**maintenance** 유지, 정비

15 수천 명의 사람들이 매년 군인 묘지를 방문함으로써 자국의 전쟁 영웅들을 기린다.

(a) 이득　　　　(b) 방어
(c) 도움　　　　(d) 존경

가이드라인 빈칸 앞뒤의 pay와 to 사이에서 collocation을 이루는 명사는 (d)로, pay respect to는 '~에게 경의를 표하다, 기리다'라는 뜻의 관용표현이다.

assistance 도움, 원조　**pay respect to** ~에게 경의를 표하다

16 대부분의 과학자들은 그 실험의 성공 가능성이 매우 높다고 생각한다.

(a) 꺼림　　　　(b) 제의
(c) 가능성　　　　(d) 순환

가이드라인 형용사 strong의 수식을 받아 문맥상 자연스러운 뜻을 이루는 것은 '가능성'이라는 뜻의 (c) likelihood이다. 주의할 점은 가능성이 '높다'라고 표현할 때는 주로 high나 strong을 쓰지만, 가능성이 '낮다'라고 표현할 때는 주로 little을 쓴다.

reluctance 싫음, 꺼림　**proposal** 제안　**likelihood** 가능성　**circulation** 순환, 유통

Unit O3 고빈도 형용사

⊙ 본책 P156

Answers ▷

1 (b)	2 (b)	3 (b)	4 (d)	5 (a)	6 (a)
7 (a)	8 (c)	9 (b)	10 (c)	11 (d)	12 (d)
13 (c)	14 (b)	15 (d)	16 (b)		

1
A: 당신 예술 작품이 정말 맘에 들어요.
B: 솔직한 의견이었으면 좋겠군요.
(a) 적절한　　　　　(b) 솔직한
(c) 수익성이 좋은　(d) 생생한

가이드라인 칭찬해 주는 말에 그냥 하는 말이 아니라 진심으로 하는 말이었으면 좋겠다고 대답하는 것이 자연스러우므로 빈칸에는 '솔직한'이라는 뜻의 (b) candid가 오는 것이 적절하다.

appropriate 적절한　**candid** 솔직한　**lucrative** 수익성이 좋은
vivid 생생한, 선명한

2
A: 제품 설명서를 갖고 있나요?
B: 아뇨, 하지만 인터넷에서 볼 수 있어요.
(a) 앉아 있는　　　(b) 이용 가능한
(c) 공정한　　　　(d) 부차적인

가이드라인 제품 설명서를 갖고 있냐는 물음에 일단 No라고 대답했으므로 그 다음에는 인터넷에서 볼 수 있다(available)는 식으로 대안을 제시하는 것이 자연스럽다. 따라서 정답은 (b)이다.

manual 설명서, 안내 책자　**available** 이용 가능한, 입수할 수 있는
impartial 공정한　**secondary** 부차적인

3
A: 샌디를 왜 싫어해요?
B: 그녀의 노골적인 편견이 정말 불쾌해요.
(a) 독점적인　　　(b) 명백한
(c) 실행 가능한　(d) 대안이 되는

가이드라인 prejudices를 수식하는 알맞은 형용사를 고르는 문제로, 문맥상 '명백한, 공공연한'이라는 뜻의 (b) overt가 알맞다.

prejudice 편견　**offend** 불쾌하게 하다　**exclusive** 독점적인, 배타적인　**overt** 명백한, 공공연한　**feasible** 실행 가능한　**alternative** 대안이 되는

4
A: 당신이 탈 비행기가 연착되는 것 같아요.
B: 네, 비행기에 기계상의 결함이 있어요.
(a) 상업적인　　　(b) 경솔한
(c) 지역의　　　　(d) 기계상의

가이드라인 빈칸에는 비행기가 연착되는 이유가 될 만한 단어가 와야 하므로 '기계상의'라는 뜻의 (d) mechanical이 정답이다. 참고로 mechanic은 '정비공'이라는 뜻의 명사이다.

commercial 상업적인　**frivolous** 경솔한, 사소한　**mechanical**
기계와 관련된

5
A: 당신이 다니는 기관은 직원이 몇 명인가요?
B: 죄송하지만 그 정보는 기밀 사항이에요.
(a) 비밀의　　　　(b) 가장 기본적인
(c) 적대적인　　　(d) 후회하는

가이드라인 몸 담고 있는 기관의 직원이 몇 명이냐는 물음에 먼저 I'm sorry라고 답하고 있으므로, 그 다음에는 그 정보를 밝힐 수 없다거나 밝힐 수 없는 이유를 말하는 것이 자연스럽다. 따라서 '기밀의'라는 뜻의 (a) confidential이 정답이다.

confidential 비밀의, 기밀의　**rudimentary** 가장 기본적인
hostile 적대적인　**remorseful** 후회하는

6
A: 케빈을 고용해야 한다고 생각해요.
B: 그는 충분히 자격을 갖춘 게 분명해요.
(a) 자격이 있는　　(b) 사로잡힌
(c) 추천된　　　　(d) 계획적인

가이드라인 고용(hire)의 조건을 생각해 보면 빈칸에는 '자격이 있는'
이라는 뜻의 (a) qualified가 적절하다. He is highly qualified for the work라고 하면 '그는 그 일에 적임자다'라는 뜻이다.

captivate ~의 마음을 사로잡다, 매혹하다　**suggest** 제안하다, 추천하다　**design** 계획하다, 고안하다

7
A: 당신 아내가 브라운 대학교를 나오지 않았나요?
B: 맞아요, 일류 학교죠.
(a) 일류의　　　　(b) 만성적인
(c) 근본적인　　　(d) 잠정적인

가이드라인 school을 수식하는 가장 알맞은 형용사는 문맥상 '일류의'라는 뜻의 (a) prestigious이다. 동의어로 renowned, notable 등이 있다.

prestigious 명망 있는, 일류의　**chronic** 만성적인　**fundamental**
근본적인　**tentative** 잠정적인

8
A: 헨리가 당신을 많이 도와주었어요.
B: 그의 친절함에 깊이 감동받았어요.
(a) 정리된　　　　(b) 특허받은
(c) 감동받은　　　(d) 축적된

가이드라인 빈칸에는 많은 도움을 받았을 때 느끼는 감정을 나타내는 단어가 와야 자연스러우므로 '감동을 받은'이라는 뜻의 (c) touched가 정답이다. 참고로 touching은 '감동적인'이라는 뜻이므로 구분하도록 한다.

help out 도와주다　**arranged** 정리된　**patented** 특허를 받은
touched 감동받은　**amassed** 축적된

9 비옥한 토지 덕분에 그 지역은 작물을 직접 키워 먹고 살기에 완벽한 장소가 되었다.

(a) 노골적인   (b) 비옥한
(c) 앞서 언급된   (d) 소모품의

가이드라인   live off the land의 의미가 문제 해결의 관건이다. 어떤 토지여야 작물을 직접 키워 먹고 살기에 완벽한지를 생각해 보면 빈칸에는 '비옥한'이라는 뜻의 (b) fertile이 오는 것이 적절하다.

live off the land 자급자족해서 먹고 살다   **blatant** 노골적인, 뻔한 **fertile** 비옥한   **alluded** 앞서 언급한   **consumable** 소비할 수 있는, 소모품의

---

10 반군들은 독재자 타도에 성공한 후 임시 정부를 세웠다.

(a) 정지된   (b) 만장일치의
(c) 임시의   (d) 이전의

가이드라인   반군이 독재자를 타도한 후 어떤 정부를 설립할지를 생각해 보면 빈칸에는 '임시의, 과도의'라는 뜻의 (c) interim이 알맞다.

rebel 반군, 반역자   **set up** 설립하다   **overthrow** 타도하다, 전복시키다   **dictator** 독재자   **stationary** 움직이지 않는, 정지된 **unanimous** 만장일치의   **interim** 임시의, 과도의   **prior** 이전의

---

11 카터 교수는 매우 엄격하지만 또한 매우 공정한 인물로 잘 알려져 있다.

(a) 욕심 많은   (b) 풍부한
(c) 세심히 통제된   (d) 엄격한

가이드라인   문맥상 빈칸에는 칭찬의 말인 fair(공정한)와는 반대로 비난하는 내용이 와야 하므로 (a)와 (d) 중에 답이 있는데, 문맥상 '욕심이 많은' 보다 '엄격한'이 fair와 대조를 이루는 데 더 자연스러우므로 정답은 (d)이다.

have a reputation for ～로 유명하다   **avid** 욕심 많은 **abundant** 풍부한   **controlled** 세심히 통제된   **strict** 엄격한

---

12 전문가들은 그 화산이 얼마나 더 오랫동안 휴면 상태에 있을지 알 수 없다는 것을 인정한다.

(a) 한물간   (b) 즉각적인
(c) 분명한   (d) 휴지 상태에 있는

가이드라인   휴화산을 dormant volcano로 표현한다는 것을 알면 쉽게 풀 수 있는 문제로 정답은 (d)이다. 활화산, 사화산은 각각 active volcano, extinct volcano로 표현하므로 함께 알아두자.

expert 전문가   **volcano** 화산   **obsolete** 더 이상 쓸모 없는, 한물간 **instantaneous** 즉각적인   **explicit** 분명한, 명백한   **dormant** 휴면기의, 활동을 중단한

---

13 이안의 식료품점은 잠재 고객들을 유치하기 위해 대대적인 주말 할인 행사를 벌이고 있다.

(a) 사실 같지 않은   (b) 헛된
(c) 장래의   (d) 지나치게 단순화한

가이드라인   가게가 대대적인 할인 행사를 벌이는 것은 예비 고객을 유치하기 위해서일 것이다. 따라서 빈칸에는 '장래의, 유망한'이라는 뜻의 (c) prospective가 오는 것이 적절하다.

improbable 사실 같지 않은, 일어날 듯하지 않은   **futile** 헛된, 소용없는   **prospective** 장래의, 유망한   **simplistic** 지나치게 단순화한

---

14 〈뉴스 투데이〉는 현대의 쟁점 사안들을 읽는 데 관심 있는 사람들을 위한 최고의 웹사이트이다.

(a) 어조가 강한   (b) 현대의
(c) 예비의   (d) 피상적인

가이드라인   issues(사안, 문제)를 수식하는 알맞은 형용사를 고르는 문제로, 웹사이트 제목에서 알 수 있듯이 빈칸에는 '현대의'라는 뜻의 (b) contemporary가 적절하다.

emphatic 어조가 강한, 단호한   **contemporary** 동시대의, 현대의 **preliminary** 예비의   **superficial** 피상적인

---

15 경찰은 실질적인 증거가 없어 그 용의자가 범죄를 저질렀다는 사실을 입증할 수 없었다.

(a) 논란이 많은   (b) 경건한
(c) 인간미 없는   (d) 확실한

가이드라인   용의자가 범죄를 저질렀다는 사실을 경찰이 입증할 수 없었던 것은 확실한 증거가 없었기 때문이라고 하는 것이 자연스러우므로 빈칸에는 '확실한, 실질적인'이라는 뜻의 (d) tangible이 알맞다.

suspect 용의자   **commit** (범죄 등을) 저지르다   **controversial** 논란이 많은   **pious** 경건한, 독실한   **impersonal** 인간미 없는 **tangible** 분명히 실재하는, 확실한

---

16 대통령의 연설은 의회에서 야당의 즉각적인 반발을 불러일으켰다.

(a) 곡선의   (b) 즉각적인
(c) 걸출한   (d) 절대적인

가이드라인   reaction(반응, 반발)을 수식하는 알맞은 형용사는 '즉각적인'이라는 뜻의 (b) immediate이다. 동의어로는 instant가 있다.

provoke 유발하다, 야기하다   **curved** 곡선의, 약간 굽은 **preeminent** 걸출한, 뛰어난   **absolute** 절대적인

Actual Test 1

↻ 본책 P 160

1 (d)	**2** (c)	**3** (d)	**4** (c)	**5** (c)	**6** (c)	**7** (d)	**8** (c)	**9** (d)	**10** (a)
11 (d)	**12** (c)	**13** (b)	**14** (c)	**15** (c)	**16** (c)	**17** (a)	**18** (b)	**19** (c)	**20** (d)
21 (b)	**22** (d)	**23** (a)	**24** (a)	**25** (a)	**26** (b)	**27** (d)	**28** (c)	**29** (b)	**30** (b)

Part 1

1

A 이 비품 주문은 언제 했죠?
B 어제 엘리에게 하라고 했어요.

가이드라인 사역동사 had의 목적격 보어를 묻는 문제로, 목적어와의 관계가 능동이냐, 수동이냐에 따라 동사원형이나 과거분사를 쓴다. 목적어인 엘리가 주문을 하는 것이므로 능동의 관계에 있다. 따라서 동사원형인 (d)가 알맞다.

supply 비품 **make an order** 주문하다

2

A 네가 휴가를 안 갈 거라고 생각했어.
B 빌이 다시 생각해 보라고 날 설득했거든.

가이드라인 빈칸은 persuade의 목적격 보어가 들어갈 자리이다. persuade는 'A에게 B하라고 설득하다'라고 할 때 목적격 보어로 to부정사를 취하므로 (c)가 정답이다.

take a vacation 휴가를 얻다 **persuade** 설득하다
reconsider 재고하다

3

A 어젯밤에 록 콘서트는 정말 신났어.
B 내 동생도 거기 갔었는데 그랬다고 하더라.

가이드라인 앞 문장을 받아 '~도 역시 그렇다'라고 할 때 앞 문장이 긍정이면 So를, 부정이면 Neither를 써서 〈So[Neither]+조동사[be동사]+주어〉 구문을 쓴다. 여기서 B가 받는 문장인 A가 긍정이므로 So를 쓴 (d)가 정답이다.

4

A 또 상하이로 출장 가나요?
B 그건 제 상사의 결정에 달렸어요.

가이드라인 문장 앞에 주어와 술어 동사가 모두 있으므로 빈칸은 boss를 수식하는 준동사가 되어야 한다. 선택지 중에서 준동사로 쓰일 수 있는 것은 (c)이며, 나머지는 모두 술어 동사의 형태이므로 알맞지 않다.

on business 사업상 **be up to** ~에 달려 있다

5

A 수상을 축하해요!
B 당신 도움이 없었다면 해내지 못했을 거예요.

가이드라인 과거의 일에 대한 가정을 나타내는 가정법 과거완료(조동사의 과거형+have p.p.) 문장이다. 문맥상 '할 수 없었을 것이다'라는 뜻이 되어야 하므로 조동사 could가 가장 알맞다. 따라서 (c)가 정답이다.

congratulations on ~을 축하하다 **win an award** 수상하다

6

A 얼마나 많은 이들을 교육시킬 건가요?
B 배우기를 원하는 사람은 누구든지 기꺼이 가르칠 거예요.

가이드라인 빈칸은 teach의 목적어이면서 동시에 이어지는 절에서 wants의 주어 역할을 하는 어구가 필요하다. 따라서 선행사를 포함한 관계대명사인 복합 관계대명사 (c) whoever(~하는 누구든지)가 알맞다.

be willing to 기꺼이 ~하다

7

A 은행에서 주택 담보 대출 요구를 승인했어.
B 넌 운이 좋은 줄 알아야 돼.

가이드라인 빈칸은 consider의 목적어가 들어갈 자리이고, 그 뒤에 온 fortunate는 목적격 보어이다. '너는 자신을 운이 좋다고 여겨야 한다'라는 뜻이므로 목적어와 주어가 동일하다. 주어와 목적어가 같을 경우 목적어로 재귀대명사를 쓰므로 (d)가 정답이다.

approve 승인하다   **home loan** 주택 담보 대출

8

A 교수님, 시험에 관한 교수님의 방침에 대해서 말씀해 주세요.
B 미안하지만 이미 그것에 대해서는 충분히 논의했구나.

가이드라인 '~하는 데 시간을 보내다'라는 뜻으로 〈spend+시간+(in) 명사〉의 형태를 쓰므로 빈칸에는 동명사인 (c)가 들어가야 한다.

policy 방침

9

A 초과 근무를 해야 하나요?
B 직원 전체가 그 제안에 반대하고 있어요.

가이드라인 '~에 반대하다'라는 뜻의 be against에서 be동사의 형태를 묻고 있다. 여기서 주어 The entire staff는 의미상 복수지만 직원 전체를 하나로 보아 단수 취급하므로 단수 동사로 받는 (d)가 정답이다. 상태를 나타내는 be동사는 진행형으로 쓰지 않으므로 (a)와 (b)는 정답이 아니다.

staff 직원   **be against** ~에 반대하다

10

A 네가 만났을 때 다니엘라는 어땠어?
B 안 좋은 상황이 별로 달라지지 않았어.

가이드라인 의미상 '별로, 그다지'라는 뜻으로 부정문에 쓸 수 있는 부사는 (a) much이다. (d) by far는 '훨씬, 단연코'라는 뜻으로 최상급을 수식한다.

Part 2

11

거리 시위자들은 매우 화가 나서 가게 유리창에 돌을 집어던지기 시작했다.

가이드라인 빈칸 뒤의 that절과 호응할 수 있는 부사가 들어가야 한다. 〈so+형용사+that절〉 구문이 '매우 …해서 ~하다'라는 뜻으로 쓰이므로 (d)가 정답이다.

protestor 시위자   **hurl** 집어던지다

12

숙면을 취하기 어렵다면 '레스트 라이트' 같은 수면제를 복용하세요.

가이드라인 If절에서 it은 가주어이고 to get 이하가 진주어이므로 빈칸은 to get의 의미상 주어가 들어갈 자리이다. to부정사의 의미상 주어는 〈for+목적격〉 또는 〈of+목적격〉으로 나타내므로 (c)가 정답이다.

sleeping aid 수면제

13

재향군인의 날은 이 나라를 지키기 위해 생명을 바친 이들에게 경의를 표할 수 있는 기회이다.

가이드라인 빈칸 뒤에 나오는 관계대명사절의 수식을 받아 '~하는 사람들'이라는 뜻으로 쓰이는 대명사는 (b) those이다.

Veterans Day 재향군인의 날   **pay respect to** ~에 경의를 표하다   **defense** 방어, 수비

14

할인 판매를 발표하자마자 그 가게는 싸고 좋은 상품을 찾으려는 쇼핑객들로 가득 찼다.

가이드라인 no sooner A than B는 'A 하자마자 B하다'라는 뜻으로, No라는 부정어가 문두에 왔으므로 빈칸에 들어갈 절은 주어와 동사가 도치된다. 따라서 the sale was announced에서 be동사와 주어를 도치시킨 (c)가 정답이다.

be filled with ~으로 가득 차다   **bargain** 싸게 산 물건

15

서양고추냉이를 날것으로 대량 섭취하면 신체가 독성 쇼크에 빠질 수 있다.

가이드라인 can cause가 문장의 동사이고 그 앞부분은 주어에 해당한다. (b), (d)를 제외한 나머지는 형태상 주어가 될 수 있다. 완료형 동명사인 (a)는 의미상 어색하므로 (c)가 정답이다.

raw 날것의   **horseradish** 서양고추냉이   **go into** ~로 되다
toxic shock 독성 쇼크

16

장군은 몇 무리의 군사를 숲 속에 숨겨 두고 주력 부대가 약해 보이도록 했다.

가이드라인 여기서 appear는 '~처럼 보이다, ~인 듯하다'라는 뜻으로 seem과 같은 의미이다. 따라서 빈칸에는 보어가 필요하므로 보어 역할을 할 수 있는 형용사 (c)가 알맞다.

general 장군   **main force** 주력 부대   **weaken** 약화시키다

17

북극곰은 불안해 보였지만 동물원 사육사들은 아무도 문제점을 찾지 못했다.

가이드라인 agitate는 '동요시키다'라는 뜻의 타동사로, exciting–excited, surprising–surprised와 마찬가지로 분사형이 형용사처럼 쓰인다. 여기서는 북극곰이 뭔가에 의해 '동요되는' 상태를 나타내므로 과거분사인 (a)가 알맞다.

polar bear 북극곰　**zookeeper** 동물원 사육사　**agitated** 불안해 하는, 동요된

18

패배한 병사들은 전쟁터에서 도망쳤고 적들은 그들의 뒤를 바싹 추격했다.

가이드라인 부대 상황을 나타내는 〈with+명사+분사〉 구문이다. 이때 분사는 명사와의 관계에 따라 능동이면 현재분사를, 수동이면 과거분사를 쓴다. their enemies가 pursue의 주체이므로 현재분사인 (b)가 들어가야 한다.

defeated 패배한　**flee** 도망하다　**battlefield** 전장　**closely** 밀접하게, 바싹　**pursue** 뒤쫓다

19

스포츠 전문 사진기자라는 것은 일반 사람들이 아는 것보다 훨씬 더 힘든 일이다.

가이드라인 빈칸에는 뒤에 나오는 비교급 형용사 harder를 수식하는 부사가 필요하다. '훨씬'이라는 뜻으로 비교급을 수식하는 데 쓰이는 부사로는 much, still, far 등이 해당되므로 (c)가 정답이다.

photographer 사진작가　**average** 평균의　**realize** 실감하다, 깨닫다

20

화성에 우주비행사를 보내는 것은 이 시점에서 착수하기에는 비용이 너무 많이 드는 프로젝트라고 결론이 났다.

가이드라인 부사 too가 포함된 어구의 어순을 묻는 문제이다. too는 so와 마찬가지로 〈too[so]+형용사+a(n)+명사〉 어순으로 쓰이므로 (d)가 정답이다.

astronaut 우주비행사　**determine** 결정하다　**undertake** 착수하다, 떠맡다

21

가장 격렬한 전투가 세 시간 동안 지속되었고, 그 후에 양쪽은 물러나서 군을 재정비했다.

가이드라인 '세 시간 동안'이라는 뜻이므로 기간을 나타내는 (b) for가 알맞다. (c) during도 '~동안'이라는 뜻으로 쓰이지만 during summer처럼 뒤에 특정 기간이 나올 때 쓰고, three hours, ten days처럼 구체적인 숫자를 포함한 기간 앞에는 for가 온다.

intense 격렬한　**last** 지속되다　**fall back** 후퇴하다　**regroup** 재정비하다

22

천문학자들은 우리 은하계에 지구와 비슷한 행성들이 있다고 주장하지만 아직 하나도 발견하지는 못했다.

가이드라인 빈칸 앞뒤 절을 이어주는 접속사가 필요하다. 문맥상 '~이긴 하지만, 비록 ~할지라도'라는 뜻으로 (d)가 가장 알맞다. (a) despite는 전치사이므로 절을 이끌 수 없다.

astronomer 천문학자　**maintain** 주장하다　**planet** 행성　**Galaxy** 은하계　**have yet to** 아직 ~하지 않다

23

돌이켜 보면 투자자들은 주택 담보 시장이 붕괴할 것이라는 것을 알았어야 했다.

가이드라인 Looking back on it(돌이켜 보면)이라는 어구로 보아, 과거의 일에 대해 말하고 있음을 알 수 있다. 문맥상 '~했어야 했다'라는 과거 사실에 대한 유감이나 후회를 나타내는 should have p.p.가 어울리므로 (a)가 정답이다.

look back on 돌이켜 보다　**mortgage** 주택 담보 대출　**collapse** 붕괴하다

24

한 학생이 대학 홈페이지와 관련된 문제점을 신고했지만 사용자 두 명 중 한 명은 오류를 경험하지 않은 것으로 보인다.

가이드라인 선택지로 보아 '사용자 두 명 중 한 명꼴로'라는 뜻을 나타내는 표현을 묻고 있음을 알 수 있다. 〈every other+단수 명사〉가 '하나 걸러'라는 뜻이므로 (a)가 정답이다. every other day는 '이틀에 한 번'이라는 뜻이다.

error-free 실수가 없는

25

자가 출판 능력은 판매할 시장이 없는 경우 거의 가치가 없다.

가이드라인 빈칸은 뒤에 나오는 명사 value를 수식하는 형용사가 들어가야 하는데, value는 '가치'라는 뜻의 추상명사이므로 (a) little 로 수식하는 것이 알맞다. 〈of+추상명사〉는 형용사처럼 쓰이므로, of value는 '가치 있는', of little value는 '가치 없는'이라는 뜻이 된다.

self-publish (a book) 자가 출판

Part 3

26

(a) A: 오늘 아침에 앰버가 출근하는 것을 못 봤어.
(b) B: 응, 그녀는 이번 주에 미네소타에서 열리는 회의에 참석해.
(c) A: 왜 난 늘 이런 소식들을 맨 마지막에 듣는 거지?
(d) B: 그것에 관한 회람이 지난주에 모두한테 왔는데.

가이드라인 attend는 '~에 참석하다'라는 뜻의 타동사로, 뒤에 전치사 없이 바로 목적어가 나온다. 따라서 (b)의 attending of에서 전치사 of를 빼야 한다. 자동사로 착각해 전치사를 붙이기 쉬운 동사로 discuss(~에 대해서 논의하다), marry(~와 결혼하다) 등이 있다.

27

(a) A: 이 수프는 정말 못 먹겠어. 게다가 따뜻하지도 않아.
(b) B: 종업원을 부를 테니까 말하도록 해.
(c) A: 아냐, 됐어. 소란 피우고 싶지 않아.
(d) B: 하지만 수프가 이상하면 다시 가져가라고 해야지.

가이드라인 〈동사+부사〉로 이루어진 이어 동사의 목적어로 대명사가 올 때는 반드시 동사와 부사 사이에 위치해야 한다. 따라서 (d)에서 send back it은 send it back이 되어야 맞다.

disgusting 구역질 나는 **make a scene** 소란 피우다

28

(a) 노스캐롤라이나의 해터러스 곶에 있는 등대는 높이가 200피트 이며, 그 기원이 1800년대 초반까지 거슬러 올라간다. (b) 그것은 원래 바다에서 수백 피트 떨어진 곳에 위치했는데, 지속적인 해안 선 침식으로 1900년대 말이 되자 만조 지역에 놓이게 되었다. (c) 등대를 구하기 위해서 그것은 1999년에 2,870피트 가량 내륙의 더 안쪽으로 옮겨졌다. (d) 그것은 대규모 프로젝트였고, 등대가 여 정을 견뎌내고 무사할지 불확실했다.

가이드라인 (c)의 분사구문 Having saved the lighthouse에서 생략된 주어가 주절의 주어 it가 가리키는 the lighthouse가 되므로, 주어와 목적어가 동일해 의미상 어색하다. 따라서 '등대를 구하기 위해서'라는 뜻으로 목적을 나타내는 to부정사를 써서 To save the lightehouse로 고쳐야 한다.

lighthouse 등대 **date back to** ~로 거슬러 올라가다
originally 원래 **steady** 꾸준한 **shoreline** 해안선 **erosion** 침식 **high tide** 만조 **inland** 내륙(으로) **massive** 대규모의
uncertain 불확실한

29

(a) 제2차 세계대전 중에 다른 부대로 전달되는 메시지는 암호로 보내졌다. (b) 그렇게 한 이유는 군사 계획을 적에게 비밀로 하기 위해서였다. (c) 부호를 작성하는 대신 미국은 아메리카 원주민 부 족인 나바호족의 언어를 사용했다. (d) 이 '암호'는 전쟁 말기 동안 사용되었는데, 일본인들은 전혀 해독하지 못했다.

가이드라인 (b)에서 for how처럼 전치사와 관계부사는 함께 쓸 수 없다. 따라서 how를 관계대명사 which로 바꿔야 한다. 전치사 for 를 빼고 선행사인 The reason에 맞는 관계부사 why를 써서 The reason why라고 해도 된다.

code 암호 **keep A secret** A를 비밀로 하다 **make up** 구성하다 **tribe** 부족

30

(a) 청나라 때 중국은 주변 국가들에 대해 많은 군사 작전을 개시했 다. (b) 1765년부터 1769년 사이에 버마 왕국을 상대로 네 차례의 작전이 실행됐다. (c) 청나라 황제는 그의 군대가 버마를 쉽게 무찌 를 거라고 예상했지만 실제로는 그렇지 않았다. (d) 7만 명이 넘는 병사와 네 명의 지휘관을 잃고 나서 중국은 어쩔 수 없이 항복했다.

가이드라인 (b)에서 주어인 campaigns는 '실행되는' 것이므로 수 동태가 되어야 한다. 전체적으로 과거 시제를 쓰고 있고 주어가 복수 이므로 be동사 were를 써서 carried out을 were carried out으 로 고쳐야 한다.

launch 착수하다 **carry out** 실행하다 **force** 부대 **defeat** 쳐부수다 **Burmese** 버마 사람 **commander** 지휘관
surrender 항복하다

Actual Test 2

⟳ 본책 P 166

1 (b)	2 (a)	3 (a)	4 (c)	5 (b)	6 (a)	7 (b)	8 (c)	9 (c)	10 (c)
11 (a)	12 (c)	13 (c)	14 (a)	15 (d)	16 (d)	17 (a)	18 (b)	19 (b)	20 (c)
21 (d)	22 (d)	23 (c)	24 (b)	25 (b)	26 (b)	27 (a)	28 (b)	29 (b)	30 (d)

Part 1

1

A 아직 오는 중이니?
B 네가 전화했을 때 막 출발하려고 하던 참이었어.

가이드라인 '막 ~하려고 하다'라는 뜻의 〈be about to+동사원형〉 구문을 묻는 문제로, 형태상 (b)가 알맞다. be on the point of –ing도 같은 뜻으로 쓰이는 표현이다.

be on one's way 가는[오는] 도중이다

2

A 전에 밴드 활동을 했다고 하지 않았어요?
B 아뇨, 그런 얘긴 하지 않았는데요.

가이드라인 빈칸은 보어 역할을 하면서 동시에 뒤에 나오는 절을 이끄는 접속사 역할도 해야 한다. 이 두 가지 역할을 할 수 있는 것은 관계대명사로, 빈칸 앞에 선행사가 없으므로 선행사를 포함한 관계대명사 what이 들어가야 한다. 따라서 (a)가 정답이다.

3

A 가격을 낮추고 생산을 늘리는 게 어때요?
B 그건 흥미로운 두 가지 제안이군요.

가이드라인 명사를 수식하는 분사의 형태를 묻는 문제로, '흥미로운 제안'이라는 뜻으로 ideas를 수식하기에 알맞은 것은 현재분사형인 (a)이다.

lower 낮추다

4

A 그 상자가 언제 배달됐는지 모르겠어.
B 오늘 아침 일찍부터 보이던데.

가이드라인 appear는 '나타나다'라는 뜻의 자동사이므로 수동태로 쓸 수 없고, this morning이라는 과거를 나타내는 부사구로 보아 과거 시제를 써야 하므로 (c)가 정답이다.

deliver 배달하다

5

A 오늘 세일할 때 비디오 게임을 구입하면 하나 가격에 두 개를 살 수 있어?
B 구입 조건이 어떤지에 대해서는 전혀 듣지 못했어.

가이드라인 간접의문문의 어순을 묻는 문제이다. what was the deal?이라는 의문문이 목적어로 쓰일 때는 간접의문문이 되어 주어와 동사가 도치된 (b)가 정답이다.

get two for one 한 개 가격에 두 개를 사다 **deal** 거래 (조건)

6

A 내가 받은 선물 중에서 이것이 가장 마음에 드는 것 같아.
B 마음에 든다니 다행이야. 내가 선물한 거야!

가이드라인 문맥에 어울리는 전치사를 고르는 문제이다. '내가 준 것'이라는 뜻으로, 출처를 나타내는 전치사인 (a) from이 알맞다.

7

A 이번 주 토요일에 야구시합을 못할 것 같아.
B 넌 코치님께 당장 말씀 드려야겠다.

가이드라인 had better는 '~하는 게 좋겠다, ~해야 한다'라는 뜻으로 다음에 동사원형이 오므로 (b)가 적절하다. '~하지 않는 게 좋겠다'라는 뜻의 부정 표현은 〈had better not+동사원형〉이다.

immediately 즉시, 당장

8

A 로저스 씨는 지금 어디 있죠?
B 서재에서 책 보고 있는 것을 봤어요.

가이드라인 지각동사는 목적격 보어로 동사원형이나 분사를 취한다. 목적어와의 관계가 능동이냐, 수동이냐에 따라 현재분사나 과거분사를 쓰는데, 여기서는 목적어인 him이 look의 주체가 되므로 능동을 나타내는 현재분사가 들어가야 알맞다. 따라서 (c)가 정답이다.

study 서재

9

A 캐런이 그 관리직을 받아들이겠지?
B 그럴 거라고 생각해.

가이드라인 주어가 I가 아닌 It임에 주의한다. It는 가주어이고 that절이 진주어이므로 '~라고 추정된다'라는 뜻의 수동태가 되어야 한다. 따라서 (c)가 정답이다. 주어가 I라면 I assume that she will이라고 하면 된다.

management 관리, 경영   **assume** 추측하다

10

A 그래서, 어제 빌에게 무슨 일이 있었던 거야?
B 그는 전말을 얘기해 주지 않았어.

가이드라인 entire는 '전체, 모든'이라는 뜻이지만 전체를 하나로 취급하기 때문에 an이나 the가 수식어로 붙는다. 따라서 (c)가 정답이다. an entire day(하루 종일), the entire staff(직원 전체)처럼 쓰인다.

Part 2

11

정부 대변인들은 주식시장 붕괴에 대해 마치 그런 일이 일어날 것을 예측하고 있었다는 듯이 대응했다.

가이드라인 as if는 '마치 ~인 것처럼'이라는 뜻으로 뒤에 가정법을 수반한다. 주절의 시제가 과거(responded)이므로 가정법 과거완료가 들어가야 하고, 능동태가 되어야 하므로 (a)가 정답이다.

spokesperson 대변인   **respond to** ~에 대응하다   **stock market crash** 주식시장 붕괴

12

넉넉한 의료보험이 없었더라면, 그는 약물 치료를 받을 경제적 여유가 없었을 것이다.

가이드라인 주절에 〈조동사의 과거형+have p.p.〉가 왔으므로 가정법 과거완료 구문임을 알 수 있다. 따라서 조건절은 had p.p.가 되어야 하는데, If it had not been에서 접속사 If를 생략하고 주어와 조동사를 도치시킨 형태인 (c)가 정답이다.

generous 후한, 넉넉한   **medication** 약물 (치료)

13

과학자들은 오류를 범하지 않기 위해서 계산을 세 번이나 확인했다.

가이드라인 동사 avoid의 목적어를 묻는 문제이다. avoid는 목적어로 동명사를 취하므로 형태상 (b)를 제외한 나머지 선택지 중에서 고르도록 한다. 완료형인 (a)는 주절의 시제보다 앞선 시제를 나타내고, (d)는 수동태를 나타낸다. 문맥상 주절과 같은 시제이며 능동이 되어야 하므로 (c)가 정답이다.

calculation 계산

14

교통 혼잡 때문에 차량 행렬은 한 시간이나 늦게 출발점에 도착했다.

가이드라인 late는 '늦은, 늦게'라는 뜻으로 형용사와 부사의 형태가 같다. 따라서 '너무 늦게'라는 뜻으로는 too late라고 하므로 (a)가 정답이다. (c) lately는 '최근에'라는 전혀 다른 뜻의 부사이므로 유의한다.

traffic congestion 교통 혼잡   **vehicle** 차량

15

주택 소유자들은 최소 십 년에 한 번씩 주택 감정을 받아야 한다.

가이드라인 have가 '~하도록 하다'는 의미의 사역동사로 쓰이고 있으므로 빈칸은 목적격 보어가 들어갈 자리이다. 사역동사의 목적격 보어는 목적어와의 관계가 능동이냐, 수동이냐에 따라 동사원형이나 과거분사를 쓴다. 목적어 their house는 '감정을 받는' 수동의 관계에 있으므로 과거분사 (d)가 정답이다.

appraise 평가하다, 감정하다

16

예산이 전혀 남지 않았기 때문에 그 팀은 광고를 조기에 끝낼 수밖에 없었다.

가이드라인 분사구문을 묻고 있다. '남아 있는 돈이 전혀 없다'라는 뜻의 There is no money left를 분사구문으로 바꾼 것으로, 분사구문의 주어가 주절의 주어와 다르다는 것에 주의한다. 따라서 주절과 다른 주어를 명시하고 is를 분사로 바꾼 (d)가 정답이다.

have no choice but to ~할 수밖에 없다

17

직원 의료 보장 중에서 레드 플랜이 둘 중에서 더 저렴하다.

가이드라인 문맥상 '둘 중 더 ~한'이라는 뜻이므로 비교급이 들어가야 한다. 비교급은 more affordable이고 이 경우처럼 비교급 뒤에 of the two가 올 경우 비교급일지라도 앞에 the를 붙인다. 따라서 (a)가 정답이다.

option 선택권 **affordable** 값이 알맞은

18

매일 50달러의 생활 보조비가 회의에 참석하는 직원들에게 지급될 것입니다.

가이드라인 make A available은 'A를 사용 가능하게 하다'라는 뜻인데, 여기서 목적어를 주어로 하는 수동태 문장이 되면 동사는 be made available이 되고 '주어가 사용 가능하다'라는 뜻이 된다. 따라서 (b)가 정답이다.

living allowance 생계비

19

권리장전이 추가됐을 때 미 헌법은 생긴 지 딱 2년이 되었다.

가이드라인 과거 특정 시점까지 계속됨을 나타내는 과거완료 시제가 되어야 알맞다. 따라서 (b)가 정답이다.

Constitution 헌법 **the Bill of Rights** 권리장전 **add** 추가하다

20

편집장 자리는 이미 정해졌지만 이사회는 한동안 공식적인 발표를 하지 않을 것이다.

가이드라인 이어지는 내용으로 보아 편집장 자리는 이미 정해진 상태라고 볼 수 있으므로 과거나 현재완료 시제가 들어가야 알맞고, 자리는 '채워지는' 것이므로 수동태가 되어야 한다. 따라서 현재완료수동태인 (c)가 정답이다.

editor-in-chief 편집장 **board** 이사회 **official** 공식적인 **announcement** 공지, 발표

21

교직원 파티가 끝난 후에 해리스 교수가 성공적으로 파티를 주관했다는 데 모두 동의했다.

가이드라인 so나 such가 포함된 어구의 어순을 묻는 문제로, such는 관사 앞에 위치하므로 (d)가 올바른 어순이다. so는 〈so+형용사+a(n)+명사〉의 어순으로 쓰이므로 (c)가 so great a라면 답이 될 수 있다.

faculty 교수단, 교직원 **host** 주최자, (파티의) 주인

22

관심 있는 지원자는 5월 12일까지 신청서를 제출해야 그 자리의 심사 대상이 될 수 있다.

가이드라인 문맥상 '~까지'라는 뜻의 전치사가 필요하다. until과 by 둘 다 이에 해당되지만 until은 그 시점까지 동작이 계속되는 것을, by는 그 시점까지 동작이 완료되는 것을 나타낸다. 신청서 제출은 그 시점까지 완료되는 동작이므로 (d) by를 써야 한다.

candidate 지원자 **submit** 제출하다 **application** 신청서

23

캠던 하드웨어는 구비하고 있는 제품들이 뛰어날 뿐만 아니라 가격도 시중에서 가장 저렴하다.

가이드라인 빈칸 앞에 있는 not only와 함께 not only A but also B(A뿐만 아니라 B도 역시) 구문을 이루는 (c)가 적절하다.

impressive 인상적인 **selection** 선택된 물건들

24

정치인들이 논쟁을 그만두고 중요한 이 법안을 통과시키는 것이 중요하다.

가이드라인 접속사를 고르는 문제이다. 문맥상 It는 가주어이고 빈칸 이하의 절이 진주어임을 알 수 있다. 따라서 주어, 보어, 목적어로 쓰이는 명사절을 이끄는 접속사인 (b) that이 알맞다.

essential 가장 중요한, 필수적인 **argue** 논쟁하다 **legislation** 법률

25

대통령은 노년층 지원이 보장되는 새로운 의료 제도를 도입했다.

가이드라인 빈칸 앞의 that은 a new healthcare plan과 동격을 이루는 명사절 접속사이다. 따라서 빈칸에는 that절에서 주어 역할을 하는 명사 어구가 필요하며, 〈the+형용사〉는 복수 보통명사로 쓰이므로 '연장자, 노인들'을 뜻하는 (b)가 정답이다.

healthcare plan 의료 제도 **guarantee** 보장하다
the elderly 노인들

Part 3

26

(a) A: 다음 학기에 네 과목을 수강하려면 한 과목이 더 필요해.
(b) B: 경제학이 작년에 내가 가장 좋아했던 과목 중 하나야.
(c) A: 잘 모르겠어. 그건 좀 어려울 것 같아서.
(d) B: 그럴 수도 있지. 어떤 교수님인지에 달렸어.

가이드라인 ▶ economics는 '경제학'이라는 뜻으로, 학문명은 형태는 복수이지만 단수 취급한다. 따라서 (b)에서 동사 were는 단수형인 was가 되어야 한다.

semester 학기 **depend on** ~에 달려 있다 **professor** 교수

27

(a) A: 어젯밤 본 영화 어땠어?
(b) B: 솔직히 말하면 정말 최악이었던 것 같아.
(c) A: 그거 뜻밖인걸. 평은 좋은데 말이야.
(d) B: 연기는 설득력이 없고 스토리는 어처구니가 없어.

가이드라인 ▶ (a)에서 movie는 어젯밤에 본 특정 영화(that you saw last night)를 뜻하기 때문에 부정관사 a가 아닌 정관사 the를 써야 한다.

awful 형편없는 **review** 비평 **unconvincing** 설득력이 없는

28

(a) 단순히 대기 온도만 측정해서 지구온난화의 실재를 입증하는 것은 어려울 수 있다. (b) 알려지지 않은 많은 요인들이 특정한 때에 얼마나 춥고 더운지를 결정짓기 때문이다. (c) 대신에, 과학자들은 눈에 띄지 않는 미미한 지구 온도 상승이 가져오는 영향력에 주의를 기울인다. (d) 이러한 영향력으로는 해수면 상승, 서로 다른 생태계 간의 이동, 빙하 용해 등이 있다.

가이드라인 ▶ (b)에서 관계대명사 which가 이끄는 절에 주어가 빠져 있으므로 주격 관계대명사가 들어가야 한다. 따라서 소유격인 of which를 which나 that으로 바꾼다.

existence 존재, 실재 **global warming** 지구온난화 **measure** 측정하다 **factor** 요인, 요소 **determine** 결정하다 **unnoticeable** 눈에 띄지 않는 **migration** 이동 **ecosystem** 생태계 **melting** 용해 **glacier** 빙하

29

(a) 서기 약 500년부터 1000년까지, 잉글랜드는 여러 개의 소왕국으로 나뉘어져 있었다. (b) 그중에서, 웨섹스 왕국은 다른 어떤 왕국들보다 영향력이 더 컸던 것으로 여겨진다. (c) 웨섹스 왕국은 잉글랜드 중남부에 자리를 잡고 수세기 동안 점차 확대되었다. (d) 웨섹스 바로 위쪽에 머시아 왕국이 있었고, 북쪽으로는 노섬브리아 왕국이 있었다.

가이드라인 ▶ 〈비교급+than+any other+단수 명사〉는 '다른 어떤 것보다 더 ~하다'라는 뜻으로 최상급을 의미한다. 이때 any other 다음에 단수 명사를 써야 하므로 (b)의 realms는 realm이 되어야 한다.

approximately 대략 **a number of** 다수의 **influential** 영향력이 큰 **realm** 왕국 **occupy** 점령하다, 차지하다 **gradually** 점차 **expand** 확장하다

30

(a) 중남미 정글에는 100종이 넘는 독화살 개구리가 살고 있다. (b) 이 개구리는 포식자들이 잡아먹지 못하도록 피부에서 유독 물질을 뿜어내기 때문에 그런 이름이 붙여졌다. (c) 그 지역의 일부 원주민들은 이 독을 사냥용 화살 끝에 바른다. (d) 화살이 동물을 맞추면 독이 동물을 기절시키거나 죽게 만든다.

가이드라인 ▶ (d)에서 주절에 나오는 동사 knock과 kill은 접속사 or로 이어지는 대등한 관계이다. 전체적인 시제가 현재시제이므로 kills의 시제에 맞춰 would knock을 knocks로 바꾸어야 한다.

poison dart frog 독화살 개구리 **poisonous** 유독한 **substance** 물질 **predator** 포식자 **region** 지역 **dart** 화살 **knock out** 기절시키다

Actual Test 3

본책 P 172

1 (c)	2 (c)	3 (c)	4 (d)	5 (a)	6 (d)	7 (b)	8 (d)	9 (a)	10 (c)
11 (d)	12 (a)	13 (c)	14 (d)	15 (c)	16 (b)	17 (c)	18 (c)	19 (c)	20 (b)
21 (a)	22 (d)	23 (b)	24 (c)	25 (b)	26 (c)	27 (c)	28 (a)	29 (b)	30 (a)

Part 1

1

A 노숙자들에게 줄 통조림 식품을 좀 사려고요.
B 정말 인정이 후하시군요.

가이드라인 It는 가주어이고 빈칸 이하가 진주어로, 선택지 중에서 주어 역할을 할 수 있는 것은 to부정사인 (c)이다. 빈칸 앞의 of you는 to부정사의 의미상 주어이다. to부정사의 의미상 주어는 보통 〈for+ 목적격〉을 쓰지만 앞에 형용사로 generous, kind처럼 사람의 성격을 나타내는 어구가 올 때는 of를 쓴다.

canned goods 통조림 식품 **the homeless** 노숙자들
generous 너그러운, 후한

2

A 우리 주에는 취업 기회가 많지 않아.
B 대체적으로 그 말이 맞는 것 같아.

가이드라인 분사구문의 주어가 일반인일 경우 주어를 생략하고 관용구처럼 쓰이는 비인칭 독립 분사구문을 묻고 있다. 여기서는 '일반적으로 말해서'라는 뜻으로 (c)가 정답이다.

job opportunity 취업 기회

3

A 버트가 제시간에 이 보고서를 끝낼 수 있을지 모르겠어요.
B 그의 업무에 관해서는 걱정할 필요가 없어요.

가이드라인 문맥상 '~할 필요가 없다'는 뜻이 되어야 한다. need는 조동사와 본동사로 쓸 수 있는데, 빈칸 뒤에 동사원형이 있는 것으로 보아 조동사로 쓰이고 있음을 알 수 있다. 조동사의 부정은 뒤에 not을 붙이므로 (c)가 정답이다.

on time 제시간에 **be concerned about** ~에 대해서 걱정하다

4

A 이번 주말에 스키 타러 갈까?
B 그전에 눈이 더 오지 않으면 안 가.

가이드라인 빈칸 앞에 조건을 나타내는 접속사 unless가 있음에 주의한다. 조건이나 시간을 나타내는 부사절에서는 현재 시제가 미래 시제를 대신하므로 (d)가 정답이다.

go sking 스키 타러 가다   **unless** 만약 ~이 아니라면

5

A 변호사를 만나 봤어요?
B 아무래도 제가 변호사 비용을 댈 수 있을 것 같지 않아요.

가이드라인 문맥상 현재의 생각을 말하고 있으므로 현재 시제가 들어가야 하므로 (a)가 정답이다.

somehow 아무래도, 어쩐지   **afford** ~을 지불할 여유가 있다

6

A 이번 주말에 비가 얼마나 올까요?
B 폭풍이 지나갈 때까지 4인치 가량 내린대요.

가이드라인 빈칸 뒤에 by the time이 이끄는 시간 부사절은 형태상으로는 현재지만 의미상 미래를 뜻한다. by the time은 그 시점까지의 완료를 뜻하므로 빈칸에는 미래의 특정 시점까지 완료를 나타내는 미래완료 시제가 들어가야 한다. 따라서 will have p.p. 형태인 (d)가 정답이다.

by the time ~할 때까지는

7

A 켈리와 댄은 어디 있어?
B 여기로 오는 중인데 교통체증이 심한가 봐.

가이드라인 두 사람의 행방을 묻는 질문에, 교통체증 때문에 늦는 것 같다는 뜻으로 단정적 추측을 나타내는 (b)가 정답이다. must have p.p.는 '~했음에 틀림없다'라는 뜻이다.

hit bad traffic 교통체증이 심하다

8

A 제 자전거를 어디에 두었어요?
B 저기 벽에 기대 놓았어요.

가이드라인 알맞은 전치사를 고르는 문제이다. 문맥상 '벽에 기대어서'라는 뜻이 되어야 하므로 (d) against가 알맞다.

9

A 벤이 정말 우리집 열쇠를 가져갔어?
B 걔가 집어서 주머니에 넣는 걸 봤어.

가이드라인 지각동사 see는 목적격 보어로 동사원형이나 분사를 취하며, pick up처럼 〈동사+부사〉로 이루어진 이어동사는 목적어로 대명사가 올 때 pick it up과 같이 반드시 동사와 부사 사이에 위치해야 한다. 따라서 (a)가 정답이다.

10

A 홍콩은 확실히 붐비는 도시야.
B 좁은 공간에 수백 만 명의 사람들이 모여 있으니까.

가이드라인 엄청 많다는 뜻으로 '수백 만의'라는 뜻의 (c)가 알맞다.

crowded 붐비는 **pack** 꽉 채우다

Part 2

11

환자가 조금만 더 빨리 병원에 도착했더라면 구할 수 있었을 것이다.

가이드라인 주절에 could have p.p.로 보아 가정법 과거완료구문이다. 따라서 조건절은 had p.p.를 쓴 (d)가 정답이다.

patient 환자

12

의사는 환자의 문제점을 더 일찍 알아차리지 못하는 실수를 범했다.

가이드라인 빈칸 앞에 전치사 in이 있으므로 to부정사가 아닌 동명사가 와야 하며, 동명사의 부정은 앞에 not을 붙이므로 (a)가 정답이다.

make an error 잘못을 저지르다 **recognize** 알아차리다

13

마이클의 사퇴 결정은 그가 받는 높은 연봉을 고려할 때 다소 뜻밖이었다.

가이드라인 빈칸에는 뒤에 나오는 surprising을 수식하는 부사가 필요하다. 선택지 중에서 가능한 것은 '다소, 약간'이라는 뜻의 (c) rather이다. (d) much는 비교급이나 최상급을 수식할 때 쓰인다.

resign 사임하다 **consider** 고려하다 **generous** 넉넉한, 후한 **salary** 봉급

14

범죄 현장에서 붙잡혔기 때문에 범인은 자신이 감옥에 갈 것이라는 것을 알았다.

가이드라인 분사구문을 묻는 문제로, 분사구문의 주어는 주절의 주어인 the criminal이다. '붙잡혔다'라는 의미의 수동태가 되어야 하므로 정답은 (d)이다. 완료형 분사(having p.p.)를 쓴 것은 주절의 시제보다 앞선 시제임을 나타내기 위해서이다.

scene of crime 범죄 현장 **criminal** 범인 **jail** 감옥

15

기자 회견에서 모든 기자들은 주지사가 언제 물러날지를 질문하고 싶어 했다.

가이드라인 간접의문문의 어순을 묻는 문제로, 일반 의문문과 달리 〈의문사+주어+동사〉 어순이므로 (c)가 정답이다.

press conference 기자 회견 **governor** 주지사 **step down** 사임하다

16

동물들에 대한 대우가 좋은지와 상관없이 그들을 우리 안에 가두는 것은 비윤리적이다.

가이드라인 Regardless of의 목적어가 되는 명사절을 이끄는 접속사가 필요하다. 문맥상 '~인지 아닌지와 상관없이'라는 뜻이 되야 자연스러우므로 (b)가 정답이다. (d) if도 '~인지 아닌지'라는 뜻으로 쓰이지만 주어, 보어, 전치사의 목적어로 쓰이는 절을 이끌 수 없으므로 답이 될 수 없다.

unethical 비윤리적인 **lock** 가두다

17

그 영화 감독은 앞으로 그가 만드는 영화에 알려지지 않은 신인 배우들을 쓰기를 원한다고 말했다.

가이드라인 어순을 묻는 문제이다. 빈칸 앞이 완전한 문장이므로 빈칸은 앞 명사를 수식하는 형용사구나 또는 부사구가 되어야 한다. '그가 만드는 영화에'라는 뜻으로 (c)의 부사구가 올바른 어순이다. he 앞에 목적격 관계대명사가 생략된 형태이다.

director (영화·연극의) 감독   **unknown** 알려지지 않은
in the future 앞으로

18

소년은 연필을 깜빡했을 뿐 아니라, 학교에 책을 가져오는 것도 잊어버렸다.

가이드라인 선택지로 보아 빈칸은 뒤에 but (also)와 호응하는 not only가 포함된 구문이다. not과 같은 부정어가 문장 맨 앞에 오면 주어와 동사가 도치되므로 (c)가 올바른 어순이다.

forget 잊다   **bring** 가져오다   **as well** ~도   **not only A but (also) B** A뿐만 아니라 B도

19

모두가 열대 우림을 없애는 것이 나쁘다는 것을 알고 있지만, 국가들은 이를 계속하고 있다.

가이드라인 문맥상 빈칸 앞뒤 절이 역접 관계이므로, '그러나'라는 뜻의 접속사 (c) yet이 들어가야 가장 적절하다.

clear 제거하다   **rain forest** 열대 우림

20

그 새 테스트가 당뇨병 치료의 기준이 될 것이다.

가이드라인 It is believed 뒤에는 that절이 와야 한다. (c)는 '~인지 아닌지'의 뜻이 되므로 동사와 어울리지 않는다. that절 다음에 주어(the new test)+동사(will become)로 이어지는 (b)가 정답이다.

standard 표준, 기준   **care** 치료, 보살핌   **diabetics** 당뇨병

21

되도록 빨리 도로를 보수하는 것이 정말로 중요합니다.

가이드라인 의미상 도로가 '보수되는' 것이므로 수동태가 되어야 한다. 선택지 중에 수동태는 (a)와 (d)인데, 과거완료인 (d)는 알맞지 않으므로 (a)가 정답이다. 〈It is+형용사+that〉 구문에서 important, necessary와 같은 형용사가 올 때, that절에는 동사원형이 사용된다.

repair 보수하다   **as soon as possible** 되도록 빨리(ASAP)

22

세계 보건 기구의 캠페인 덕분에 천연두는 세계에서 사라진 첫 번째 주요 질병이 되었다.

가이드라인 빈칸은 became의 보어가 들어갈 자리이다. 보어로 온 the first major disease가 to부정사인 to be removed의 수식을 받고 있는 형태로 (d)가 정답이다.

thanks to ~덕분에   **smallpox** 천연두   **remove** 제거하다
major 주요한   **disease** 질병

23

사람들은 언어라는 정교한 의사소통 수단을 갖고 있다는 점에서 다른 어떤 동물과도 다르다.

가이드라인 문맥상 '~라는 점에서'라는 뜻이 되어야 하므로 (b) in that이 적절하다. given that은 '~을 고려하자면'이라는 뜻으로 Given that his intention was good, I will forgive him(그의 의도는 좋았다는 것을 고려해서 나는 그를 용서할 것이다)처럼 사용한다. provided that은 '만약 ~라면'이라는 뜻으로 She will attend the party, provided that her parents let her go(만약 그녀의 부모님이 허락한다면 그녀는 파티에 참석할 것이다)와 같이 쓸 수 있다.

differ from ~과 다르다   **creature** 생물, 피조물
sophisticated 세련된, 정교한   **communication** 의사소통

24

그녀가 십 년 전 이 주식들을 샀을 때는 전혀 가치가 없었다.

가이드라인 빈칸 앞이 they weren't worth로 부정문이므로 (c) anything이 적절하다.

stock 주식, 증권

25

6개월간 일자리를 찾던 끝에 킴벌리는 마침내 멤피스에서 일자리를 하나 구했다.

가이드라인 적절한 대명사를 고르는 문제이다. 앞의 a job을 대신하는 부정대명사 (b) one이 답이 된다. 일자리를 하나 구한 것이지 특정 직장을 구한 것이 아니므로 it은 부적절하다.

search for ~을 찾다, 구하다

Part 3

26

(a) A: 웰치 씨에게 소포 보냈어요?
(b) B: 보내야 했는지 몰랐어요.
(c) A: 저한테 물어봤던 거 기억 안 나요?
(d) B: 아, 맞아요! 잊어버려서 미안해요.

가이드라인 (c)에서 remember는 to부정사가 목적어일 땐 미래로, 동명사가 목적어일 땐 과거로 해석한다. 여기서는 과거에 물어봤던 사실을 기억하는 것이므로 과거를 나타내는 동명사가 와야 한다. 따라서 to ask를 asking으로 고쳐야 한다.

package 소포, 포장 **be supposed to** ~할 예정이다, ~하기로 되어 있다 **forget** 잊다

27

(a) A: 하늘을 봐요. 오늘 비가 올 것 같네요.
(b) B: 어젯밤 뉴스에서 비 소식은 전혀 없었는데요.
(c) A: 네, 하지만 TV 일기 예보는 틀릴 때가 종종 있어요.
(d) B: 맞아요. 지난주에도 틀렸잖아요.

가이드라인 (c)에서 주어는 weather reports로 복수인데 동사는 단수 동사인 is가 나오므로 수일치에 어긋난다. 따라서 복수 동사인 are로 바꿔야 옳다.

often 종종 **weather report** 일기 예보

28

(a) 미래를 위해 저축을 원하는 사람들이 이용할 수 있는 개인 퇴직 계좌(IRAs)에는 크게 두 가지 종류가 있다. (b) 기존의 IRA는 매년 불입하는 금액은 비과세지만 인출할 때 세금을 낸다. (c) 반면에 로스 IRA는 반대로 운용된다. (d) 어떤 종류의 계좌를 선택할지는 은퇴 계획과 더불어 현재 여러분의 재정 상황에 달려 있다.

가이드라인 (a)에서 which 이하는 people을 수식하는 관계절이다. 선행사가 people이므로 which를 who로 고쳐야 한다.

individual retirement account 개인 퇴직 계좌 **contribute** 기부하다 **tax-free** 비과세의 **withdraw** 인출하다 **in reverse** 거꾸로

29

(a) 1661년에 아즈텍의 중요한 유물을 스페인으로 싣고 가던 배 한 척이 지중해에서 폭풍우로 침몰했다. (b) 수세기 동안 고고학자들은 그 유물에 대해서 잊어버린 채, 유물이 배와 함께 사라졌을 거라고 생각했다. (c) 하지만 2002년에 그레고리오 알론조 교수가 스페인 수도원에서 고대 문서가 든 상자 하나를 살펴보고 있었다. (d) 상자 바닥에 놓여 있는 아즈텍 유물을 발견했을 때 그의 놀라움을 상상해 보라!

가이드라인 (b)에서 ought to have p.p.는 '~했어야 했다' (should have p.p.)는 뜻으로 문맥상 어색하다. '~했음에 틀림없다'라는 추측의 뜻이 어울리므로 must have p.p.를 써야 한다.

artifact 유물 **sink** 가라앉다 **Mediterranean** 지중해 **archaeologist** 고고학자 **look through** 살펴보다 **ancient** 고대의 **text** 글, 문서 **monastery** 수도원

30

(a) 칼레드 시스템즈는 보스턴 지점에서 분리해 나가 일할 새로운 대리점 영업사원을 찾고 있습니다. (b) 지원 가능자는 정보통신 기술 영업에 적어도 3년간의 경험이 있어야 합니다. (c) 브라운 세일즈 앤 어카운트사의 소프트웨어에 대한 사전 지식은 필수는 아니지만 우대합니다. (d) 지원하려면 이메일을 통해서 칼레드 채용 담당자인 메건 데이비스에게 연락하십시오.

가이드라인 (a)에서 new가 수식하고 있는 명사는 retail sales associate로 단수형이므로 관사 a가 필요하다. 뒤에 나오는 sales만 보고 판단하지 않도록 주의해야 한다.

retail sales associate 대리점 영업사원 **candidate** 후보자, 지원자 **prior knowledge** 사전 지식 **via** ~을 통해

MEMO

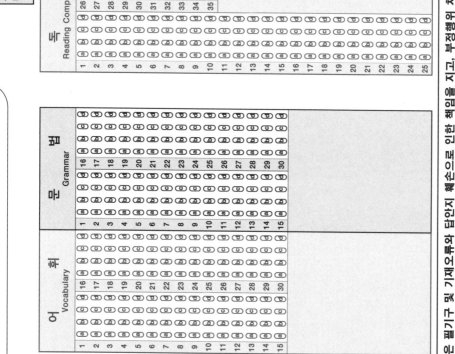

Actual Test 1

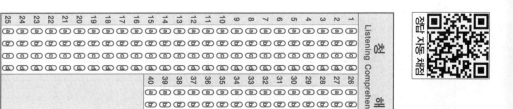

Actual Test 2

정답 자동 채점

수 험 번 호
Registration No.

성명
Name
한글
한자

문 제 지 번 호
Test Booklet No.

감독관확인란

고사실란
Room No.

주 민 등 록 번 호
National ID No.

수 험 번 호
Registration No.

비밀번호
Password

좌석번호
Seat No.

청해 Listening Comprehension
1~40

어휘 Vocabulary
1~30

문법 Grammar
1~30

독해 Reading Comprehension
1~35

서약

본인은 필기구 및 기재오류와 답안지 훼손으로 인한 책임을 지고, 부정행위 처리규정을 준수할 것을 서약합니다.

답안작성시 유의사항

1. 답안 작성은 반드시 **컴퓨터용 싸인펜**을 사용해야 합니다.
2. 답안을 정정할 경우 수정테이프(수정액 불가)를 사용해야 합니다.
3. 본 답안지는 컴퓨터로 처리되므로 훼순해서는 안되며, 답안지 하단의 타이밍마크(▌▌▌)를 찢거나, 낙서 등으로 인한 훼손시 불이익을 받을 수 있습니다.

4. 답안은 문항당 정답을 1개만 골라 ❶ 와 같이 정확히 기재해야 하며, 필기구 오류나 본인의 부주의로 잘못 표기한 경우에는 답 관리위원회의 OMR판독기의 판독결과에 따르므로, 그 결과는 본인이 책임집니다.

5. 감독관의 확인이 없는 답안지는 무효처리됩니다.

Good ❶ Bad ◗ ◖ ⊗ ⊘

Actual Test 3

정답 자동 채점

감독관확인란

문제지 번호
Test Booklet No.

고사실란
Room No.

좌석번호
Seat No.

주 민 등 록 번 호
National ID No.

비밀번호
Password

수 험 번 호
Registration No.

수험번호
Registration No.

성명 한글
Name 한자

청 해
Listening Comprehension
1 ~ 25
26 ~ 40

어 휘
Vocabulary
1 ~ 15
16 ~ 30

문 법
Grammar
1 ~ 15
16 ~ 30

독 해
Reading Comprehension
1 ~ 25
26 ~ 35

서 약

본인은 필기구 및 기재오류와 답안지 훼손으로 인한 책임을 지고, 부정행위 처리규정을 준수할 것을 서약합니다.

담안작성시
유 의 사 항

1. 답안 작성은 반드시 **컴퓨터용 싸인펜**을 사용해야 합니다.
2. 답안을 정정할 경우 수정테이프(수정액 불가)를 사용해야 합니다.
3. 본 답안지는 컴퓨터로 처리되므로 훼손해서는 안되며, 답안지 하단의 타이밍마크(▮▮)를 찢거나, 낙서 등으로 인한 훼손시 불이익이 발생할 수 있습니다.

4. 답안은 문항당 정답을 1개만 골라 ▮와 같이 정확히 기재해야 하며, 필기구 오류나 본인의 부주의로 잘못 표기한 경우에는 당 관리위원회의 판독결과에 따르며, 그 결과는 본인이 책임집니다.

   Good ▮ Bad ⦶ ◖ ⊗ ⦸

5. 감독관의 확인이 없는 답안지는 무효처리됩니다.

출발부터 다르게! 실력 향상 빠르게!

NEW
TEPS
입문편 문법

뉴텝스
250+
목표 대비

- 서울대텝스관리위원회 NEW TEPS 경향 완벽 반영
- 뉴텝스 250점 이상 목표 달성을 위한 최적의 기본서+실전서
- 뉴텝스 필수 문법만을 정리한 핵심 문제풀이 전략 및 해법
- 뉴텝스의 기본기를 단단하게 잡아주는 빈출 어휘 제공
- 뉴텝스 실전 완벽 대비 Actual Test 3회분 수록
- 고득점의 감을 확실하게 잡아 주는 상세한 해설 제공
- 모바일 단어장 및 보카 테스트 등 다양한 부가자료 제공

Grammar

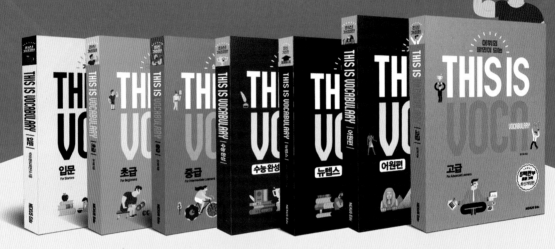